現代水戸学論批判

梶山孝夫

水戸史学選書

水戸史学会発行
錦正社発売

まへがき

　戦後三十年近い間、ほとんど「凍結」された形であつた水戸学論が、此の頃やうやく息を吹き返しつつある。その論の中には、現代の時点に立ちながらも、この学問の中に、日本思想の特色を見出さうとするものもあらう。或ひは先学の研究成果を根底から覆へして、全く別個の視点からこれを意義づけようと企図するものもあらう。その意図は種々様々であれ、研究の意義が認識されるやうになつたことは、水戸学の果した役割の大きさを物語るものに他ならない。近世、近代の日本を考察するためには、評価はともあれ、水戸学を取り除いては、学問的論考となり得ない筈である。

右は前水戸史学会長名越時正先生『水戸学の研究』自序冒頭の一節である。昭和五十年二月十一日付で記されたこの自序にみえるやうに息を吹き返してきた水戸学論は様々な形で学界に登場してきた。それぞれの水戸学論には研究の意義を認めるにしても全面的に賛成できるものばかりではない。本書では、特に名越先生の指摘（傍線部）に関連して若干の批判的考察を試みた。本書の主題を一言に要約すれば、水戸学における革命論と徂徠学の問題である。まづ第一に水戸学に革命論が存在するかどうか、第二に水戸学に徂徠学の影響が認められるかどうか、といふ点に焦点を当てたが、力点は後者においた。それは徂徠学と革命論が不可分の関係にあり、後者を否定すればおのづから前者の否定につながるからである。また、併せて関連する続編や論賛の問題にも考察を加へた。

一体、水戸学とは何なのか。私は本書で水戸学の探究のためにも現代水戸学論の批判と修正を図りつつ、虚心坦懐に水戸の先人が求めたところを明らかにすることに努めた。書名を「現代水戸学論批判」と題する所以である。

なほ、昨平成十八年は『大日本史』が完成した明治三十九年から数へて百年に当たり、今年は明暦三年の編纂開始から三百五十年といふ記念すべき年を迎へる。乏しい成果ではあるが、その記念の意を込めて刊行したいと思ふ。執筆に当たつては故名越先生はじめ多くの方々のご教導を賜つた。深謝の意を表するものである。

平成十九年二月十一日

著者記す

現代水戸学論批判　目次

現代水戸学論批判

第一章　水戸学と徂徠学

——尾藤正英氏の所論に寄せて——

はじめに

先に私は近年の水戸学論について若干の批判的言及を行つたことがある（『大日本史と扶桑拾葉集』収録の「水戸の革命論と正統論——近年の水戸学論をめぐつて——」、以下、前稿と略記）。そこでは革命論と正統論の問題を取り上げたが、以下には水戸学における徂徠学の影響について考へてみたいと思ふ。結論的なことを先に述べておけば、基本的には水戸学に徂徠学の影響を考慮しなくてもよいといふことである。もとより、全く影響がないといふことではないが、水戸学を理解するのに徂徠学を介在させなければならない理由は少しもないといふことを論じてみたいと思ふのである。

一　尾藤正英氏の主張

水戸学における徂徠学の影響を指摘されたのは尾藤正英氏である。尾藤氏は昭和四十八年に刊行された日本思想大系『水戸学』に収められた「水戸学の特質」といふ解説にその見解を発表された。この論文の主張は多岐にわたるが、ここでは当然のこととして徂徠学のみに焦点を当てる。尾藤氏の着目は水戸学の前期と後期の相違にあり、いひかへればその思想的変化は徂徠学の影響だといふのである。誤解を防ぐためにできるだけ正確に引用しよう。まづは左の箇所である。

この前期から後期への思想上の変化は、水戸藩の内部だけで生じた現象ではなく、その背景には江戸時代中期における思想界の動向の推移があった。前期における編纂事業が朱子学に立脚していたのは、朱子学が当時の儒学の世界で主流を占めていたことの反映であった。やがて元禄時代の前後から、伊藤仁斎・荻生徂徠らによって、朱子学に対する批判が唱えられ、これに代る古学の学説が提示されるに及んで、学界の状況は一変した。とくに徂徠の学問は、十八世紀中葉の江戸を中心とする学界を風靡したが、さらにその影響下に賀茂真淵・本居宣長らによる国学の研究が発展し、朱子学ばかりではなく、儒学そのものの思想的権威も前期に比べれば失われてきた。後期における修史事業の進展と、これを基礎としての水戸学の成立とは、右の徂徠学ならびに国学の影響を無視しては考えることができない。（五六四頁）

ここでは国学との関連はひとまづおいて、一般論として当時の思想界の影響があつたことは認められるであらう。「水戸学の成立」といふからには後期のそれを指すのであり、それが尾藤氏の理解である。さらに徂徠学と宣長の古道説の一致にふれた後に、

この朱子学から徂徠学ならびに国学へという学界の潮流は、人物本位の紀伝の編纂から、制度

史的な志表の編纂へという、「大日本史」編纂事業の進行過程と、ほぼ照応している。前期において志表の編纂が計画され、ある程度までは着手されながらも、容易に進展せず、遂には停滞状態に陥るにいたったのも、この種の制度史的研究を進めるための準備が、水戸藩の学者たちばかりではなく、学界全般に不足していたことに何よりの理由があったと考えられる。その欠陥は、徂徠学ならびに国学により、個人道徳よりも制度のあり方の方に学問の関心が移行させられたことと、さらにその制度のあり方を探求するために必要とされる所の、古典に関する帰納的・実証的な研究方法が確立されたことによって、しだいに埋められていった。そのことが、後期に入ってから志表の編纂が本格化するための、さらにはこの新たな制度中心の政治観にもとづいて水戸学が生まれるための、必要な前提条件を形づくったとみることができる。（五六五〜五六六頁）

と述べられてゐる。前半部はともかくとして、末尾に「水戸学が生まれるための」とあるから前期は水戸学とは認識されないやうである。さうして水戸学派への徂徠学の導入を説明されるのである。やや長いけれども煩をいとはず引いてみよう。

水戸藩の学者の間に徂徠学が導入されたのは、宝暦年間（一七五一—一七六三）のころから、長久保赤水《せきすい》・谷田部東壑《やたべとうがく》・立原翠軒らによってであって、とくに翠軒は学者として傑出し、六代治保《はるもり》の信任をうけて、やがて彰考館総裁に抜擢され、寛政年間（一七八九—一八〇〇）における修史事業の復興を主導する役割を担うこととなった。この翠軒によって育てられた多数の門人の中の一人が、藤田幽谷である。翠軒は最初、志表の編纂に熱意を示したが、まもなくその困難をさとり、志表編纂を中止して、紀伝の校訂と公刊とに全力を集中する方針を立てた。この際に翠軒が、「夫れ義公の志は、専ら紀伝に在り、……修志の如きに至つては、則ち特《ただ》にその余事のみ」（「修史始末」）と唱え、志表編纂を廃止しようとしたことは、多くの門人の反対を招いたが、この対立の中に、前期から後期への思想上の変化がまず反映されている。翠軒が志表廃止にまで踏み切ろうとしたのは、当時における藩財政の窮乏や、外国船の接近による海防問題の緊迫などを考慮し、不要不急の学問上の仕事などに藩として大きな精力を傾けることを避けようとするのが、一つの理由とはなってはいたが、それにしても前期における編纂事業の実情からみれば、右のような翠軒の主張は、必ずしも我田引水とはいえず、かなりの妥当性を具えていたことが認められてよいであろう。これをいわば、前期の遺産をそのまま継承して、事業を拡張することを避けようとした立場であったとすれば、これに対し志表の必要を主張した門人の小宮山楓軒は、「赫赫たる天朝、一姓相承《あいう》くること二千余歳、経綸制度・典章文物、豈に記載す可きもの無からんや」（同）と述べており、そこには礼楽制度を重視する徂徠学や国学の考え方の影響がつよく示されている。これは寛政元年（一七八九）のことで、幽谷はまだ十六歳であって、先輩たちの議論を専ら傾聴していたようであるが、やがてこの志表の問題を一つの重要な論点として、幽谷が師の翠軒と対立するにいたる。後年の幽谷は「歴史の骨は志類にあり、熟読するときは、其世〳〵の長短、さもあるべしと察せらるゝ也、又、其世の大祖の器量も明白に知らるゝ也、紀伝の類、賢不肖の君臣あるは、何れの世も同じ事にて不レ珍《めずらしからず》」（石川久徴「幽谷遺談」）と語ったと伝えられるが、これをみても幽谷が、前期における人物中心・道徳本位の歴史思想から全く脱却し、一つの国家の命運の長短を決定するものとして、制度のあり方を重視する歴史観に立脚していたことが知られる。

（五六六～五六七頁）

ここに述べられてゐる赤水・東壑・翠軒による徂徠学の導入は事実であるが、翠軒が「余事」として志表廃止を主張したことに対して門人が反対したことは当然であらう。義公の志表編纂に関する見解は後述するが、仮に翠軒の主張の妥当性を認めるとしても楓軒の反対をいかに考へればよいのであらうか。楓軒が徂徠学の影響を強くうけてゐたからなのか、それとも義公の意思を認識してゐたからなのか、後述するやうにさう簡単に前者とすることはできまい。

また、尾藤氏は翌四十九年発行の日本の名著『荻生徂徠』の「国家主義の祖型としての徂徠」といふ解説にその影響を述べて、「さらに重要なのは、国学ならびに水戸学に及ぼした影響である」として、

同様の密接な関連性が、徂徠学と水戸学との間にもあることについては、従来はあまり注意されず、一般には水戸学は朱子学の系列に属するものと考えられてきている。筆者は、江戸時代前期の水戸藩の学問と後期の水戸学を区別し、十八世紀末葉以後に成立した後期の水戸学は、徂徠学の影響と切り離しては理解できないことを「水戸学の特質」（『水戸学』日本思想大系53解説）

で論証し、その後、橋川文三氏によっても同様の見解が「水戸学の源流と成立」（『藤田東湖』日本の名著29解説）の中で述べられている。（五五頁）

と言及されてゐる。ここでは橋川氏についてもふれてゐるから、ついでに確認しておかう。尾藤氏は「同様の見解」とされてゐるが、橋川氏は、

この徂徠学派の影響が具体的にどのようなものであったかは従来あまり研究された様子もなく、それが『大日本史』編修にどんな作用を与えたか判然としないところがある。（中略）さらに、のちには翠軒と敵対関係になった幽谷もまた、古文辞学そのものには概して好意的とみられることなどを考慮すれば徂徠学が水戸史学に与えた影響一般ということはなおさらにとらえにくいことになる。この問題について私はたしかな解釈を下す自信はなく、ただいくつかの推定・仮説を述べるにとどまるほかはない。（日本の名著『藤田東湖』四五頁）

と述べるのみであり、「徂徠学と水戸学の関係はもっとさまざまな角度から検討されねばならないことはいうまでもない」（同前書五三頁）とも付加されてゐる。要するに橋川氏はいろいろと推論を述べてゐるのであつて、とても「論証」などできる段階ではないといふことであらう。とはいふものの、尾藤氏や橋川氏の論調が「歴史の編纂態度においても後期水戸学への徂徠学の影響が確認されている」（小島康敬氏『徂徠学と反徂徠』一七八頁）と無批判に継承されてゐることを見逃すことはできない。

二　義公光圀の意図と幽谷の真意

それでは、このやうな尾藤氏の主張に対して反論はなかつたのであらうか。勿論存在した。それは昭和四十九年九月に発刊された『水戸史学』創刊号に掲載の左の二論である。

名越時正氏「前期水戸学の国体論」後『水戸光圀とその餘光』に収録

荒川久寿男氏「水戸史学の現代的意義」後『水戸史学の現代的意義』に収録

名越氏は国体論に注目して尾藤氏がその成立に関し「徂徠↓制度史↓志表」といふ経路を経たとする立論に対して、「それは前期水戸学の国体論を無視して、或ひは知らないで進められたとしか考へられない」（九頁）とし、栗山潜鋒をはじめとする前期の国体論を指摘し、その継承発展が後期水戸学であることを断案されたのである（この他に同年三月発行の『水戸学』第十一号所載「現代の徂徠派――新水戸学論に警告する――」と七月発行の『日本』七月号所載「現代の徂徠派――新しい水戸学論を批判する――」がある）。一方、荒川氏は直接に徂徠学の影響を否定したわけではないが革命史観について言及されてゐる（なほ、同年三月発行の『藤田幽谷の研究』所収「近世正学の指標藤田幽谷」、後『水戸史学の現代的意義』に収録では「徂徠学をのりこえて道義を中軸とする経世実用の学を唱えるにいたった」ことにふれてゐる）。

本章において私は右の二氏の所論をふまへて尾藤氏の主張を批判的に捉へてみようと思ふのである。

そこでまづ義公光圀の志表編纂の意図を確認するところからはじめよう。この問題を考へるに当たつて参考とさせていただくのは、主として左の三論であるからここに一括して掲げ、その都度指摘することは避ける。

加藤繁氏『本邦史学史論叢』下巻所収「大日本史と支那史学」

安見隆雄氏『水戸光圀と京都』所収「大日本史の体裁について」

岩倉則幸氏『茨城県立歴史館報』第二七号所収 「『大日本史』の内容と先行歴史書」

志表のうち志編纂の意図は『修史始末』宝永七年十月の条で確認できる。すなはち「昔侍義公於西山。語屢及修志。有紀伝而無志。決不可為全書。因覓観志目。初義公在西山。命修十志。其目掲書之史館壁」（『幽谷全集』九五頁）とみえるからである。幽谷は按文に「西山十志之目。不可得而見。惜哉」とし、その項目を記載してゐる。史料は往復書案であるが、これによれば史館の壁に西山の十志の目が掲げられてゐたのであり、幽谷のころにはそれを見ることができなかつたのである。また義公在世中の元禄三年に補正された「修史義例」に仏教志・氏族志・兵馬志・神祇志・礼儀志等の志目がみえてゐる（但野正弘氏『水戸史学』第四十号所載「大日本史の『義例』について」1）。表については『修史始末』元禄九年正月の条に「公命総裁曰。紀伝校讎之次。宜草年表」（『幽谷全集』八〇頁）とみえることによつて知られる。

これらによつて、義公に志表編纂の意図があつたことは明らかであり（その他特に吉田一徳氏『大日本史紀伝志表撰者考』四九二頁以下の第二章第一節及び『大日本史の研究』所収久保田収氏「水戸義公の学問的業績」九八頁以下参照)、安積澹泊が「答百拙和尚書」に「僕今春被寡君之優労、劣減職務、専修志稿」といひ、「復百拙和尚書」に「十志猶未成」(ともに『続々群書類従』十三巻所収「澹泊斎文集」八)と述べ、また「答百拙和尚書」に「仲夏被寡君之命。編纂食貨志。往年分局。修兵馬食貨二志。(中略)蓋修史既難。而修志尤難」(甘雨亭叢書所収「澹泊史論附録」、『修史始末』享保十八年の条にも引用されてゐるが「澹泊斎文集」には収められてゐない)とみえることからも窺はれるが、併せてその編纂が困難であつたことも知られるのである。それは幽谷が「幽谷詩纂」に「修史最難惟在志」(『幽谷全集』四九七頁)と述べてゐることによつても傍証されるし、尾藤氏自身も翠軒が困難性のために廃止を主張したと述べられてゐる。実は、翠軒はそれまでは「志表未だ成らず、全書と称し難し、僕恒に西山先公の意に答へ、今公の志を成さんとす」(前田香径氏『立原翠軒』三七頁引用)と熱心に志表編纂に心掛けてゐたし、「仏事志」を担当してゐた事実(吉田一徳氏『大日本史紀伝志表撰者考』六七三頁。同氏『水戸学の再検討』四をも参照)を忘れてはなるまい。

ところで、翠軒の廃志論に関する意見書の中に次のやうな一節がみえることを紹介しておきたい。

第一志ハ出来難仕物ニ而候を先輩かる〳〵敷御請合申上空敷年月を送り申候

古人も史を作るに志最難しと申置候西山公之時其易キ事を被成候而跡へ其難キものを御のこし被成其後々の人才も西山公之時ニ不及候而かろ〳〵しく請合かかり居申候内段々死亡いたし

其跡を継申候人々もやはり其仕くせを守りいつ迄も如此ニ而年月を過申候
（『茨城県史料』近世思想編一二頁及び名越氏『水戸光圀とその餘光』二六一頁所引）

この箇所で翠軒は「易しい紀伝を先に始めて難かしい志を後に廻した光圀のやり方を非難するのと同様」（名越氏同前書）の意見を述べてゐるが、ここで重要なのは紀伝の後には志を作ることが念頭に置かれてゐるといふことである。

すでに注記はしたが、吉田氏の『大日本史紀伝志表撰者考』から志表に関して要点を摘記しておく。吉田氏は本論第二章において志表の編纂始末に言及されてゐるが、その説くところは翠軒・赤水・幽谷以前に志の編纂に取り掛かつてをり、それは義公の意図であつて、志目を改定しつつ編纂に努めてきた実際である（それは平成元年刊行の『茨城県史料』近世思想編に収録の「大日本史編纂記録」によつて容易に後付けられる）。少なくとも志の編纂計画が徂徠以後に出現したのであれば直接的な徂徠学の影響を認めることも可能ではあらうが（尾藤氏は先の引用部分で徂徠学の導入を宝暦年間とされてゐる。ついでにふれておくと、打越直正総裁が向かう五年を限つて志の完成を命ぜられたのは享保十二年のことである）、実際はさうではない。翠軒の志表廃止に限定してもことが単純でないのは名越氏が明らかにせられた通りである（同前書収録「『修史始末』の成立とその意義」）。しひていへば、翠軒が変化し、楓軒や幽谷は従来通りを主張したといふことになる（翠軒の廃志論については名越氏同前書参照）。なほ、義公の意図は正徳三年に正式決定され、また『礼儀類典』『立坊儀節』『立后儀節』

等の編纂は徂徠をまつまでもなく「礼楽制度」に連なるとすることができようし、それは安積澹泊が元禄九年に書いた「書重修紀伝義例後」に「治乱興廃、礼楽刑政、類聚群分、勧懲並び存して、燦然見るべきものは、実に我が西山公の創為する所にして」とみえることからして明らかであらう。ただ、尾藤氏も引用されるやうに幽谷が志類を高く評価してゐたことは一応は確認される。念のため「幽谷遺談」の一節を掲げてみよう。

久徴嘗て歴史の会読三国志・晋書に至るのみにて其後は止めたり抔先生に語りしに先生曰く歴史は志類最面白し予が曰く志類は唯素読の如くして伝抔の如く熟読せずと云へば夫れは如何なる学問の仕方ぞや歴史の骨は志類にあり熟読するときは其世〳〵の長短さもあるべしと察せらる丶也又其世の大祖の器量も明白に知る丶也紀伝の類賢不肖の君臣あるは何れの世も同じ事にて不珍志類を不読は歴史を見ざるがよしと大きに咲《わらは》れたりき（『幽谷全集』八一六頁、傍線は梶山）

先の尾藤氏の引用と比べてみよう。傍線部がその箇所であるが、この部分はその前の久徴の言を受けての答へである。いはば師が弟子の不勉強を指導する言辞としての性格をもつ部分である。「大きに咲《わらは》れたりき」といふのはそれを証して余りある一句であらう。しかも、ここでいふ歴史はシナのそれであり、わが国の歴史ではない。だから、この部分を「修史始末」のやうな論文と同様にみるのには充分な配慮が必要であり（とりわけ一部分だけを取り出して論ずることには）、この箇所をもつて「前期における人物中心・道徳本位の歴史思想から全く脱却し、一つの国家の命運の長短を決定するものとして、制度のあり方を重視する歴史観に立脚していた」などとどうしていへるのであらうか。この点に関しては橋川氏も同様である（前掲書四九頁）。

ついでに指摘しておくと、尾藤氏は楓軒の言をも引かれてゐるが、その箇所の前に「使日本史為編年之体。則無志表。可也。既創為紀伝之体。決不可無志。歴代之史。有紀伝而無志者。唯三国・南北・五代諸史而止耳。割拠争乱之世。土宇狭而暦数促。礼楽制度。無足記述。其不作志宜矣」（『幽谷全集』一一六頁）とみえるのである。この部分を抜いて楓軒に徂徠学の影響を認めるのが果たして学問的なのであらうか。なほ、この箇所の前には「先生（翠軒のこと）此言。蓋有為而発。其実有紀伝。斯有志表。史体為然。先生豈不之知也哉。不過欲促紀伝之上梓而已」（同前書）とみえてゐるが、これは翠軒の意を推察したものであるとともに幽谷の考へそのものといつてよいであらう。

前稿で指摘した箇所にもみられるが、やはり自己に都合のよい部分だけを引用して解釈したといはざるをえないと思ふ。

三　徂徠学と国学

さて次には、徂徠学と国学との関係にふれておきたい。尾藤氏も国学との関連について述べられてゐるが、国学が徂徠学との関係において成立したといふのは村岡典嗣氏や津田左右吉氏以来「ほぼ定説」（尾藤氏『荻生徂徠』の解説）化されてゐる。参考としてここでは丸山真男氏の論を検討してみよう。

まづは『日本政治思想史研究』に収められた「近世儒教の発展における徂徠学の特質並にその国学との関連」から引用する。

かうした国学の形成は種々複雑な素因をもちその学問的由来も決して単純に規定されえないが、徂徠学もまたその形成に与つた有力なモメントたることが否定されえぬ限り両者の思想的関連を解明することが以下での論題である。しかも徂徠学の個々的な影響は既に春満あたりから見出されるが、われわれの問題はさうした個々の国学者における影響の検索ではなく、朱子学的な思惟様式の分解過程が国学といふ一つのまとまつた思想の形成をいかに内在的に準備したか、その結果、両者はいかなる構造的索連をもつに至つたかといふ事に集中される。（一四八〜一四九頁）

さらに「ここにいふ影響ないし関連は意識的なそれに限定されないことはいふまでもない」（一四九頁）とも述べられてゐるが、たとへば本居宣長は徂徠の著述を筆写するなど関心を持つてゐたことは明らかである。ただ、徂徠以前の契沖から古学的要素を継承してゐることも事実であり、決して無視されてはならないと私は思ふ。丸山氏は「思惟様式の分解過程が国学といふ一つのまとまつた思想の形成をいかに内在的に準備したか」といふ観点を重視されてゐるが、思想の影響はそれに留まらないものがあると思ふ。私は思想的影響を考察する場合、

①思惟方法

②精神

の二つの面からの探究が必要であると考へてゐる。近年の傾向として①が科学的方法として重視されるが、それはあくまでも一面にすぎないと思はれる。丸山氏の考察も①であり、尾藤氏のそれも不備がみられるが同様である。宣長も『玉かつま』十四の巻に「近き世の古文辞家の学問は、ようせずば、いみじきあやまちを引いづべし」（筑摩版『本居宣長全集』第一巻四四二頁）と述べてゐるから徂徠の学問には疑問を抱いてゐたとすることができる。要するに①は研究方法論であり、宣長も徂徠からの影響を受けたであらうことは認めてよいことである。丸山氏は次のやうにも述べられてゐる。

むろん国学者は徂徠学によつてはじめて儒教に対する懐疑に到達したわけでは決してない。契沖以来の我国古典の研究によつて、既に儒教道徳と古代精神との乖離は彼等に意識されてゐた。しかし彼等の儒教批判の方向を決定したのはまがふ方なく徂徠学であつた。これはいはば徂徠学と国学との否定的関連である。（前掲書一五四頁）

さうしてみると、厳然と契沖以来の学問の下地を認めた上でその「方向」の決定の役割を評価されてゐるとすることができよう。私は国学においても神道観をはじめ学問方法論でも契沖の役割を高く位置付けねばならないと考へてゐるが、特に②の立場を考慮する時はなほさらである。

四　徂徠学の流行

徂徠学が江戸後期に大いにもてはやされ、非常な人気を得てゐたことは湯浅常山の『文会雑記』中

の、

南郭云、今ノ学者ハ、皆徠翁ニ開眼セラレ目アキタリ。文化ハ盛ナルナリ。三体詩ヲケツコウ至極ト覚テ、久シク来リタル処ヲ、徠翁ニテ夜ガアケタリ。（日本随筆大成第一期第十四巻、一九二頁）

や「徂徠学ニテ一変スト」（同前書二八三頁）などの記事からも窺はれるが、服部南郭は徂徠の高弟であるから割り引かねばならないかもしれない。ただ、地方にも拡大したことは秋山高志氏の報告（『目白大学人文学部紀要』地域文化篇に連載）によつて明らかであるから徂徠学の役割は認めねばならないであらう。水戸藩においても安積澹泊が徂徠と文通したことは著名であり、また長久保赤水や田中江南らによつて徂徠学の導入が図られ、谷田部東壑や立原翠軒も徂徠学を学んだといふ（『水戸市史』中巻の二、尾藤氏の執筆及び瀬谷義彦氏『水戸学の史的考察』第三章第二節）。しかし翠軒が特定の学派に捉はれなかつたのも事実であり、志表の編纂からいへば廃止を主張したほどであるから、この方面から徂徠学の影響を直接に受けたとはいへまい。より正確にいへば拒否の立場とみるべきであらう。

それでは幽谷の立場はどうであらうか。もとより幽谷も「享保以来。古文辞之学。盛行于江都。風靡天下」（『幽谷全集』一一〇頁）と述べてゐるから徂徠学の流行は認識してゐたのであるが、問題は徂徠学そのものをどのやうに捉へてゐたかである。すでにふれたやうに、尾藤氏が有力な証拠として指摘された「幽谷遺談」の一節は門弟への学問指導のための言辞であり、全体の文脈の中で理解すべき一文である。したがつて一部分のみを取り出しては幽谷の真意は把握できないはずであり、少なくとも名越氏が指摘されたやうに「徂徠→制度史→志表」といふ経路を立てる証拠とはなりえないと思ふ。

そこで、私は志表編纂の意図を考へるに当たつても②の立場、すなはち精神史的考察の必要を思はざるをえないのである。幽谷の立場を考察する前提として、まづは徂徠の立場を一瞥し、その相違を確認する必要があらう。いまその一例として中華至上主義と幕府主義を取り上げることとしよう。たとへば「答屈景山」(第一書)の冒頭に「東都物茂卿。謹復書西京屈君足下」(日本思想大系『荻生徂徠』五二七頁)とみえることを指摘しよう。聖徳太子の国書を思ひ浮かべる書き出しではあるが、江戸と京都の対等認識と「物茂卿」や「屈景山」といふ書き方にシナ崇拝を窺ふことができよう。徂徠が礼楽制作の主体を幕府に求めたことはよく指摘されるが(小島康敬氏前掲書)、私は『政談』巻之三にみえる次の記事を重視すべきであると思ふ。

且天下ノ諸大名皆々御家来ナレドモ、官位ハ上方ヨリ綸旨・位記ヲ被下コトナル故、下心ニハ禁裏ヲ誠ノ君ト存ズル輩モ可有。当分唯御威勢ニ恐テ御家来ニ成タルト云迄ノコトナド、ノ不失心根バ、世ノ末ニ成タラントキ、安心難成筋モ有也。(日本思想大系『荻生徂徠』三四八頁)

官位は朝廷から下されるから朝廷を誠の君と思ふものがゐることを述べ、そのことを憂ひてゐるのである。幕府に立脚する徂徠ならではの発想であるといへよう。またその後に、

当時上方ノ官位ヲ堅ク守テ、三位ト三位ト同格トスルトキハ、朝鮮ヲ禁裏ト同格ト見ル故、公儀ハ一格落コトニナリ、国体ヲ取失ヒ、甚不宜事也。(同前書三四九頁)

とみえることも同様であり、ここの「国体」の用例が幕府体制を指すことは明らかである。このやうに垣間見ただけでも徂徠の中華至上主義と幕府主義は明らかであるが、中華至上主義については「もしそれが、シナといふ特定の国家を至上視することを意味するなら、全く的はづれである」（丸山氏前掲書一〇五頁）といふ弁護もみられる。

それでは幽谷は徂徠をどのやうにみてゐたのか。高弟会沢正志斎の『及門遺範』によれば、

荻生氏は雄才卓識、古今を圧倒す。然れども英雄人を欺き、経を説くこと牽強多し。道を以て先王の造作する所と為し、君臣の名、華夷の分を知らず。（『幽谷全集』七八七頁、原漢文）

であり、その才が古今を圧倒するものであることを認めつつも根源的な批判を加へてゐる。「君臣の名」が幕府主義、「華夷の分」が中華至上主義への批判であることはいふまでもなく、明らかに幽谷が精神的には徂徠と異次元に存するとしてよい。ところで、この条では熊沢氏・山崎氏・伊藤氏・新井氏もともに批評してゐるが、末尾に義公の言を引用して、

先賢各々見る所有り、広蒐博採、之を用ひて偏せざれば則ち善し。偏見を執り、一隅に拘泥するは、儒中の異端なり。（同前書）

と述べ、「先生は蓋し公の遺意を奉ずるなり」と正志斎は締めくくつてゐる。

なほ、子息東湖の「寺門政次郎に与へし書」（嘉永五年）に「慶元已来人物如林、豪傑も追々出候処、其中にも仁斎の学問に、徂徠の文章、熊沢の経済、新井の敏捷、皆可畏に御座候、併右の内、徂徠は

更に名分を不存、自分東夷の人と称候義不届至極に御座候、新井も才気絶倫に候得共、東都を張立候志は可悪に御座候」（『東湖先生之半面』二一頁）とみえることは父幽谷の継承といへるであらう。

五　長久保赤水の学問

ここで徂徠学を学んだ長久保赤水の学問について言及しておかう。天明元年五月二日のことである。この日江戸の赤水宅を訪れた高山彦九郎は著作の日本図を閲しつつ宿したのであるが、たまたま赤水の詩稿に「豊王城郭雄風尽」とあつたので「日本上代より末代に至るまで臣として王号を称するものなし」（『高山彦九郎全集』第二巻所収「江戸旅中日記」二六頁）として豊王の字を改めることを主張した。赤水は漢にては天子ならでも王と称す例を出して必ずしも尊称ではないことを答へたので、

> 春秋経には呉楚を以て王と称せし処見へす、左氏か伝に王とはしるす、是は呉楚の自称せるまゝを記したるなり、日本は君臣の礼正し、武将威勢ありといへと共人（マヽ）臣に安んし居る、然るを近世の俗儒共文章の飾に名分をみだる大不敬也、先生改め給ひ、義公以来水戸家は名分を正すと兼ては聞けり、徂徠春台等を法とする事なかれ　（同前書二六〜二七頁）

といへば、赤水は「徂徠は武将を以てしらに天子の如くす、白石すら其違ひあり」（同二七頁、以下同じ）と答へた。そこで彦九郎は「春台三王外記なる書を作りて将軍家を以て王と称し遊行を以て幸すなと記す、徂徠春台の如きは論するに足らず」とすれば、赤水は黙止の後「文章には急度改むへき事

也」と答へたので、再度次のやうに述べた。

詩は虚也といへ共豊王と称るは有るましき事也、孝王藤王の字に背替用ひて称すかごときはまたしもなれともしらに王号をつくるは大不敬也、我先生の言に服せす予か為に改め給ひといひける

この問答をみると赤水の学問精神が義公の真髄から離れて徂徠に近いとすることができようか（名越氏『水戸学の研究』所収「藤田幽谷の理想と武家政治観」参照。「答木村子虚」にみられるやうにこの時分の幽谷が徂徠を弁護してゐたことに留意すべきであるが、また木村子虚のやうな徂徠批判者の存在にも注目しておかう）。また、赤水自ら「人乃謂僕私淑徂徠矣」（吉田氏前掲書六六〇頁引用）と記してゐるが、これは少なくとも周囲からはそのやうにみられてゐた証拠とはならう。

これより先の明和四年に赤水は漂流民引取りのために長崎行を命ぜられてゐるが、その時の記録が『長崎行役日記』である。その中に「東都」といふ文字が二箇所みえる。一は冒頭の部分で「東都礫川の藩邸につく」（長久保片雲氏編著筑波書林刊による。五頁）、二は大坂のところで「この地の繁花東都に劣らず」（同前書一二頁）であるが、「東都」は江戸を指す。先に引いた「答屈景山」の冒頭の一句を思ひ起こしていただきたい。赤水の表記が徂徠に通じ、その亜流とするのは言ひ過ぎとならうか。

私は必ずしもこれを言ひ過ぎとは思はない。なぜなら、幽谷の門人で国学者の吉田活堂の左の言及を指摘することができるからである。

これ真淵いかでかゝるたはことといふにか、都《ト》とハ、もろこしにてハ、いづこにまれ、城下をさし

て、都《ト》と云て、みやこをバ、京師洛陽長安などいへば、都字《トノ》は、皇国の、宮所《ミヤコ》の義《コヽロ》とハ、いさゝか異にして、漢土にてハ、城ありて、都邑《トユウ》をなしたる地《トコロ》をバ、都《ト》といふめれど、わが皇国にてハ、文字ハいかにもかけ、美屋古《ミヤコ》とハ、京師に限る言葉なるを、かつ〴〵も、江戸をみやこといへる、いかなるしれごとぞや

（拙著『水戸派国学の研究』所収「鎖狂録附録」六八六頁）

ここで批判の対象となつてゐるのは賀茂真淵の「九月はつかあまりに津の国難波へ行人をおくる序」と「隅田川に舟を浮て月をもてあそぶ序」であり、国学者の真淵ですらかくの如くである。活堂は都を厳密に考へ、皇国の都は京師すなはち京都以外にはないことを述べてゐるのである。活堂の考へ方からすれば当然に赤水の記述は批判の対象になるはずである。もつとも荷田春満にも「東都」の例がみられ（啓文の草案、三宅清氏『荷田春満』四九一頁）国学者でも名分論（精神論）では厳密性を欠くところがあり、当時すでに俳諧仲間の間にもその例が確認できるから（たとへば明和三年に建てられた鹿島神宮境内の芭蕉句碑には「東都龍斉山維碩書」とある。梶山が実地で確認）赤水のみを責めることはできないかもしれない。ただ、赤水には詩作中ではあるが「中華」（シナ）とか「華夷」（シナとその他の国）といふ例が安永三年刊行の『清槎唱和集』（長久保氏編著前掲書所収、他に従甥中行の「華倭」（シナとわが国）の用例がある）にみられるから、先述したこれよりも後年の彦九郎との問答からすれば依然として水戸学派としての不十分さを残してゐることは認めざるをえないと思はれる（『水戸義公全集』中巻所収「西山随筆」儒学の項にみえる毛呂己志の論を参照。なほ、赤水の「改正日本輿地路程全図」——

『茨城県史』近世編の口絵――の経線の一本が京都上に引かれ江戸上にはみえないことと反徂徠の柴野栗山との交流は注目してよいであらう）。

六　徂徠学の検討

次に徂徠学に対する批判を取り上げてみよう。その概略は前掲した小島康敬氏の『徂徠学と反徂徠』によつて窺ふことができるので若干の言及を試みよう。小島氏によれば徂徠学への批判の要点は、

1学問的傾向、特に修身論の軽視に対する批判
2文献学的な実証性・客観性の不備を衝いた批判
3中華主義的な考え方に対する批判
4学説に対する思想的な批判

に分類できるといふ。小島氏は幕末まで二十四名の批判者を著書とともに示してゐるが（二〇一～二〇四頁）、藤田幽谷は指摘されてゐない。これらのうち私は長久保赤水や吉田活堂とも関連する3について言及してみたいと思ふが、それは先に指摘した「②精神」にもつとも通ずると考へるからでもある。

小島氏は「自分の名前を一字削って三字名にし、中国風に呼称していた。たとえば、徂徠は出自が物部氏に出来するとのことから物茂卿と称したし、服部南郭は服南郭、安藤東野は滕東壁、平野金華

は平金華と称した。これを盲目的な中国崇拝主義ととらえるか、あるいは思惟と生活とを一体化させたところでこそ真の認識は成立するとする主張のあらわれととらえるか、検討の余地を残すが、当時の少なからざる人びとには、これは中国風をてらった軽佻浮薄の徒の鼻持ちならぬ所行と受けとられたであろう。」（同前書二〇八頁）と丸山真男氏とは異なつた見方をされてゐる。私も同感であるが、水戸学派でも安積澹泊のやうに「荻徂徠」や「平玄中」、あるいは「村篁渓」「泉竹軒」といふ記述がみられるから儒学者特有の慣例との見方もできるかもしれない。ただ、前稿でもふれたやうに澹泊には安易な使用例があることには充分留意せねばならないであらう。

さらに、児島氏は次のやうにも述べられてゐる。

徂徠は必ずしも中華主義者ではなく、「日本の優越を主張する民族主義者」でもあった。しかし、「東海、聖人を出さず、西海、聖人を出さず」とか「中国は、人の人なり。夷狄は人の物なり。物は思ふこと能はず。ただ人のみ能く思ふ。中国の礼義の邦たる、その能く思ふがための故なり」という徂徠の言辞に出くわすとき人はそこに「中国の優越を説く徂徠」を看てとるのが普通であったと思われる。徂徠が民族主義者であったか否かにかかわらず、確かに徂徠の言動には、人をして彼を中華主義者と理解もしくは誤解させる面があった。（同前書二〇八～二〇九頁）

文中「日本の優越を主張する民族主義者」といふのは吉川幸次郎氏からの引用であるが、実は尾藤氏も同じ理解を示してゐる。前掲の「国家主義の祖型としての徂徠」で次のやうに述べられてゐるからである。徂徠が「名分論や国体論の立場からきびしく批難されてきたこと」にふれた後の箇所である。

しかし徂徠の中国崇拝は、中国の文化、とくにその古典文化に対する崇拝であって、民族と民族、あるいは国家と国家という関係からすれば、徂徠が日本と中国とを対等と考えていたことは、『大明律』の注解を作るに際し、「大」の字を削って、『明律国字解』とした点などからも明らかであり、また中国文化に対する崇拝の反面では、日本の風土や民族的伝統に対する誇りの意識を詩文の中に表明している場合の多いことも、吉川幸次郎氏の「民族主義者としての徂徠」(『世界』昭和四十九年一月号)の中で明らかにされている。名分論や国体論の立場からする批難も、実は徂徠の言辞の表面だけにとらわれたものであって、祭政一致の政治的伝統を「先王の道」に合致したものとみる右の主張などは、むしろ逆に、この後における国家主義思想の発展に大きく貢献したものと考えられる。(前掲書五九～六〇頁)

尾藤氏は「大明律」の註釈のことにふれられてゐるが、吉川氏が引用される、

これは明代の刑書なるゆへ、明律と名づく。本書にては大明律と云へり。総じて大字を加ること、当代を尊ぶ辞なり。……日本のことを、此方にては大日本国と云へども、異国よりはただ日本国とばかり云て、大字を加へたるためしなきがごとし。

とか、

今、日本は明朝に服従する国にも非ず。ことに異国にても、いまは代替りて清《しん》の代となりたれば、

当代のことをば大清と称すれども、明朝のことをば大明とはいはず。まして日本に於ては大明と云べき子細なきゆへ、今刊行の本には大字を除くなり。（『仁斎・徂徠・宣長』二二六～二二七頁）

からすると、シナの慣例や当時のわが国での呼称を応用したまでのことであつて、それを以て即「民族主義者」とすることにははにはかには賛成しがたい（吉川氏は「日本の優越を説く徂徠」に言及されてゐるが、その前には「中国の優越を説く徂徠」にもふれられてゐる。私には徂徠が明らかに中国の優越を説いてはゐるが必ずしも日本の優越を説いてゐるとは思へない。次章参照）。

さらに「徂徠の言辞の表面だけにとらわれたもの」といふ批判もみられるが、先に引用した『政談』の一節はそれに該当するといふのであらうか。再度引用しておく。

且天下ノ諸大名皆々御家来ナレドモ、官位ハ上方ヨリ綸旨・位記ヲ被下コトナル故、下心ニハ禁裏ヲ誠ノ君ト存ズル輩モ可有。当分唯御威勢ニ恐テ御家来ニ成タルト云迄ノコトナド、ノ不失心根バ、世ノ末ニ成タラントキ、安心難成筋モ有也。（日本思想大系『荻生徂徠』三四八頁）

実は、この記事に注目されてゐる一人に尾藤氏が「同様の見解」といふ橋川氏がゐる。橋川氏はこの箇所を引用し「朝廷の統治と武家の支配の交替を歴史的にどのように解釈するか」（前掲書五六頁）の証左とされてゐるのである。また、先の吉川氏（前掲書二一四頁）や野口武彦氏（中公新書『荻生徂徠』二五八～二五九頁）もさうであり、さらには藤田覚氏である。藤田氏は『幕末の天皇』（講談社選書メチエ）にこの箇所を引かれた後に、形式的とはいえ、天皇から官位・官職を授与されることが、大名たちの天皇、将軍に対する意識に微妙な影を投げかけることを憂慮した意見である。大名たちは、天皇から官位・官職を授けられるのだから、本当の主君は天皇だと思っているが、今は将軍の力が強いのでその威勢におされて従っているだけ、というのが本心で、将軍の威勢が衰えたときは不安だという。そこで徂徠は、律令制以来の天皇にまつわる官位・官職制度とは別の、幕藩制国家にふさわしい勲階《くんかい》制度を創るべきだと主張した。この不安は幕末に現実のものとなり、徂徠の先見の明というべきだろう。

（三六〜三七頁）

と述べられてゐる。要するに、橋川氏・吉川氏・野口氏等とともに藤田氏もこの記事の重要性を認められてゐるのである。私もさすがに徂徠だと思ふ。それはこの箇所に幕府主義者としての徂徠の姿をみることができるからである。その意味で藤田氏のやうに「先見の明」をみることが充分に可能であり、そこに徂徠の本心を捉へるべきではないかとさへ思ふ。

ところで、徂徠のこの一節に関連してどうしても紹介しておかねばならないことがある。それは義公が勅使下向の際に御三家の恒として家老を使ひとして派遣してゐたことを「甚以不敬之至」として改め、自ら勅使の旅館まで出向いたことである。これは『義公遺事』にみえるところであるが、記事の後半部分を掲げてみよう。

常々被仰曰、御自身ノ人ニ御貴マレ被遊モ官位也。官位ハ貴キ者ニ候ハヽ、又其上ノ高官ノ御方ヲ礼式ノ通リニ御貴ヒ被遊間敷道理無之候。禄重キトテ、時ノ勢ニヨリ、自身ニ尊大ニカマへ申候ハ、少モ手柄ニテハ無之候。皆後ノソシリヲ招也。記録ノ面、後世マテ差（羞カ）ヲ残ス事也ト被仰。

（『水戸義公伝記逸話集』七七〜七八頁）

右によつて、義公が官位を尊重し、儀礼の秩序を自覚してゐたことは明らかである。官位に対する義公と徂徠の思ひの相違は歴然としてをり、幽谷がいづれを継承したかはいふまでもないことであらう。

をはりに

私はすでに思想的影響を考察する立場として「②精神」からの考察の必要性にふれた。これはいはば精神史的考察のことであるが、この重要性を指摘されてゐるのが、芳賀登氏である。芳賀氏は『近代水戸学研究史』において、「明治維新史の上での水戸学思想の役割」に言及して、

また名越時正『水戸学の道統』（鶴屋書店）のごときものが示しているように慶安刊本の正統記を見て、吉野朝正統を如実感得した幽谷のあり方の発見のごとき精神史的考察も、藤田幽谷の内面的自覚に迫るものと言ってよい。かかる方法も無視してよい方法かどうか、再考の余地は全くないだろうか。

（一二二頁）

と述べられてゐる。名越氏は『水戸学の研究』に収められた「北畠親房と水戸学の道統」においても、

『神皇正統記』を詳細に研究し親房が「身近な先哲として、幽谷にとつて不離の亀鑑となつて居た」（二〇五頁）事実を明らかにされてゐる。「内面的自覚に迫るもの」とした芳賀氏の言及は私がいふ「②精神」の立場を示したものにほかならないであらう。

このやうにみてくると、幽谷が徂徠を「君臣の名、華夷の分を知らず」と評したのは義公以来の水戸学派に貫流する精神の表出であるとするのは不当なことではあるまい。勿論、水戸学派の中には徂徠的なものがみられることは認めねばならないが、それを主流とすることはできないであらう。やはり、幽谷にみられる思想には①と②の両面からの考察を経ても徂徠的なものを容易に見出すことはできないし、むしろ否定的な要素ばかりが浮かび上がつてくるのである。したがつて、尾藤氏が幽谷の思想によつて志表編纂への転換を主張されたことは安易に認められることではない。それよりも、紀伝が終了すれば順次志表へと移つていくことが紀伝体の道理であり、義公の遺志に適つてゐるとみるべきではなからうか。しかも、幽谷は志表ばかりでなく依然として紀伝校訂に関心を持ち続けてゐたのであるから（たとへば『貴重書解題・第十四巻書簡の部第三――藤田幽谷書簡――』参照）、「前期における人物中心・道徳本位の歴史思想から全く脱却した」（先に引用した尾藤氏の言）などとはとてもいへるはずはあるまいと思ふ。

補註

平成七年刊行の衣笠安喜氏編『近世思想史研究の現在』に収められた「藤田幽谷『正名論』の歴史的位置――水戸学研究の現在――」といふ論文で、本郷隆盛氏は尾藤氏の主張を「尾藤の水戸学＝徂徠学説」と表記されてゐる。しかし、本論でふれたやうに尾藤氏は影響を指摘されてゐるのであつてイコールといつてゐるわけではないから、誤解を生ずる表記であらう。

第二章　水戸学と徂徠学・再論

——吉川幸次郎博士の所論に寄せて——

はじめに

前章に「水戸学と徂徠学」に関していささかの所見を述べたが、本章はその再論である。前章において漢学の大家である吉川幸次郎博士の論文「民族主義者としての徂徠」を引かせていただいたが、その後その論文を収録した著書『仁斎・徂徠・宣長』（昭和五十年・岩波書店）を入手し、改めて閲読する機会を得た。徂徠に関しては三本の論文が収められてゐるが、新たに「日本的思想家としての徂徠」という論文も閲読させていただいた。この論文の本論の末尾に、

厳格な儒学の一つとされる「水戸学」が、彼に発源するとされるのは、偶然ではない。

といふ一文が添へられてゐる。本章はこの一文に刺激されて草することとしたのであるが、以下「民族主義者としての徂徠」をA論文、「日本的思想家としての徂徠」をB論文として論を進めることとする。

一　問題の所在

まづ、一部重複するが、B論文の本文末尾の三行を掲げる。

現在われわれの態度となっているものの幾つかが、既に彼にあるのを、私は尊敬するとともに、われわれが脱出を欲するもののいくつかにも、彼が参与しているのを否定しがたい。厳格な儒学の一つとされる「水戸学」が、彼に発源するとされるのは、偶然でない。

（『仁斎・徂徠・宣長』一八二頁、以下A・Bの二論文の引用はすべて本書による）

「厳格な」以後の一文は突如として末尾に登場するのであるが、このB論文は何ら水戸学に関するものではないし、また徂徠学と水戸学の関係にふれたものでもない。この一文は論文の主旨には全く関係しないし、むしろ付け足しの感じが拭へないのである。吉川博士ともあらう方が何故にこの一文を加へられたのであらうか。これが第一の疑問である。次に果たして水戸学が彼すなはち徂徠に発源するものなのか、そんなことを安易に認めてよいのか、論証もなしにである。これが第二の疑問である。安易といふのは言ひ過ぎかもしれないが、何らの根拠をも示されてゐないのであるからやむを得ないと思ふ。

ところで、第一の疑問についてはおそらく昭和四十八年四月に刊行された日本思想大系の『水戸学』が原因であらう。それは前章に述べたやうに尾藤正英氏の解説であり、水戸学への徂徠学の影響を主張したものである。吉川博士は論文末尾に「一九七四立冬日稿畢」とし、翌二月補訂とも記されてゐる。この論文は、もともと翌昭和五十年一月発行の雑誌『世界』に掲載されたものであるから、尾藤氏の受け売りではないかと思はれる。吉川博士は徂徠学の専門家ではあっても、寡聞にして水戸学に造詣が深いとは聞いたことがないからである。以下、本章では第二の疑問に関連して、吉川博士のA・Bの二論の主旨を借用しつつ、全く逆の結論を水戸学との比較において導かうとするものである。

二　A・B論文の主旨

A論文は大きく三分される。まづ〈上の一　中国の優越を説く徂徠〉では「日本国夷人物茂卿」と自著したことに関して、ここにいふ夷人は「文明国中華の人ではなく、夷狄の地域の人間の意でなければならない」（二〇四頁）とされ、

東海は聖人を出ださず、西海は聖人を出ださず。

についても「人類の文明の法則の設定者である「聖人」は、「東海」すなわち日本からも、「西海」すなわち西洋からも、出現しなかった。つまり中国のみに出現したというのであって、日本はがんらいは「聖人」の地域でない。夷狄の地域でなければならない。」（二〇五頁）と解説される。また、『訓訳示蒙』では「日本の歴史は、「聖人」をもたなかったため、「詩書礼楽」という高級な「道」が不足して、武士道一辺倒なのだ」とし、「中国語の単綴性は、日本のみならず、他の非中国の地域、彼によれば「夷」の地域の言語が、複綴性なのと異なる点が、その優秀性であることを論じ」（二〇六頁）たことにふれ、

唐土ヲ文物ト名ツケ、又文華ノ義理ニテ中華ト名付タルモ、此道理ナリ、又唐土ニハ聖人ト云モ

ノ出タルモ、サヤウニ細密ナル国ユヘナリ、

といふ一節を紹介されてゐる。その他芸術の優秀性を説いてゐる事例を示し、

彼自身が、祖先の物部氏を一字につづめて姓を物《ぶつ》、名のりを茂卿としたのをはじめ、弟子の服部南郭は服南郭であり、安藤東壁は滕東壁であり、平野金華は平金華であるなど、姓名をみな中国風によそおったのは、中国的な生活への追随の、手近な表現であり、その漢詩文に現れる日本の地名も、江戸が東都であり、京都が洛であり中州であるのをはじめ、長崎は崎陽《きよう》であり、広島は広陵《こうりょう》であり、延岡は延陵《えんりょう》であった。（二一三頁）

と結ばれてゐる。

続いて〈上の二「王室」への態度〉では、以上の中華崇拝のほかに「国体論者を喜ばせないもの」として「京都の天皇よりも、江戸の将軍をもって、日本の実際の君主と見ること」の事例を紹介されてゐる。冒頭には、

彼は徳川氏の歴代を、中国の皇帝に対する称呼をもって呼ぶ。家康を王朝の創始者として「神祖」と呼ぶのをはじめ、秀忠を台徳院の院号によって「台廟」、家光を大猷院の院号によって「猷廟」、家綱を厳有院の院号によって「厳廟」、綱吉を常憲院の院号によって「憲廟」と呼ぶの、みなすでにそれである。称呼ばかりでない、措辞もまた帝王として扱う。（二一三頁）

と述べ、文章からその例を抽出される。以下には二・三を示さう。

即ち不佞は陪臣なりと雖も矣、亦た嘗つて叨りに恩沢を辱うして、借《みだ》りに朝廷侍従の臣の後に厠《まじ》わり、時時に天威に咫尺し、芸を講じ賚《たまもの》を拝して、日月の末光に沐浴する者、十《こと》四年なり矣。一旦、竜髯を抱いて号《さけ》ぶ者は、是れ詎《な》んぞ其の他を之れ問うに遑《いとま》あらん乎《や》。

この一文は「徂徠集」巻之二十からであるが、「綱吉から受けた寵遇を回顧して」のもので傍点を付した言葉は「天子に対してでなければ使えぬ措辞」（二一四頁）といふのである。

また、同じく巻之二十七にみえる入江若水宛の書簡に、

遏密《あつみつ》の中、嘯歌皆な廃す。

とあるが、この「遏密」は天子に対する服喪を表す語であるにもかかはらず将軍家宣の死に対する服喪に使つてゐるのであり、「末期の周王朝が、当時の諸侯に対し、名義的な共通の権威であった」（二一四頁）ことをいふ語である「共主」を使ふのも同様の傾向を示してゐるとされ、

この態度はやはり、中国崇拝と関係している。すなわち中国の「先王の道」の日本におけるかつての主宰者は、寧楽《なら》朝、平安朝の「王室」、彼の語によれば「寧平の際」の「王室」であった。しかし北条氏、足利氏以来、武士が政治に進出すると共に、武士道なるものが、日本の風俗となり、「王室」の主宰した中国風の「先王の道」は中断した。それを復活させ、現在における主宰者となっているのは、徳川氏にほかならぬ。ゆえに日本の真の君主は、もはや京都の「共主」ではなくして、江戸の「興王」だというのが、彼の日本観なのである。（二一四～二一五頁）

と述べ、このやうな「彼の見解は、『徂徠集』の諸文のあちこちに見える」と解説される。

一方、〈下　日本の優越を説く徂徠〉ではこれまでと違つた徂徠の態度を示し、「民族主義者」としての一面を強調される。前章でもふれた「明律国字解」はここにみえてゐるが、再度の引用は避けて他の事例の若干を掲げておくこととしよう（参考までにふれておくと、今中寛司氏『徂徠学の史的研究』によれば榊原篁洲の『明律釈解』『大明律諺解大成』のやうに同一人物でも両用があり、高瀬学山の『明律釈義』、荻生北渓の『明律訳』、三浦竹渓の『明律口伝』、荻生金谷の『明律疑義』等の注釈がみられるから、一般的な傾向とすることができるのではなからうか。また、吉川博士の指摘はすでに昭和九年刊行の岩橋遵成氏『徂徠研究』にみえるものであるが、岩橋氏の論点には極めて問題が多い）。

たとへば「徂徠集」巻之十四の「張良の賛」にみえる「大日本享保癸卯臘月二十八日」といふ題署や富士山を「三国一の山とし、日本国の優秀さの象徴として誇示すること」（二一八頁）である。特に後者については多くの事例を紹介し、「芙蓉」「芙蕖《ふきょ》」といふ文字に注目されてゐる。

　春の日に楼に上る
落日の高楼は碧の霄《そら》に俯す
関中の春の霽《は》れ、望み逾《いよ》いよ遙かなり
盃を把《と》れば意気は千秋の色
独り看る芙蓉の白雪の驕るを

右は巻之五にみえるが（二二九頁）、「関中」は関八州、「芙蓉」は富士である。巻之三にも同様の詩がみえる（二三〇頁）。

嶽を望む

何物の芙蓉ぞ落日寒き
関中に霽《は》れて迴《はる》かなり綵雲《さいうん》の端《はし》
青天の一柱　崢嶸《そうこう》として出で
白雪千秋　突兀《とっこつ》として看る
誰か指さす仙衣の縹渺《ひょうびょう》に懸かるを
自のずと疑う玉女の琅玕《ろうかん》を剖《さ》くかと
今に於いて石跡は山の陰なる地
驪《くろ》き駒を喚び取りて大丹を問わん

この詩の「芙蓉」についても「徳川王朝の直轄地である関八州、その象徴としての意味をこめての富士である」（二三〇頁）とされる。もしさうであるならば徳川氏を抜きにして富士を称へたのではないことにならう。その他にもいくつかの事例を指摘されてゐるが、富士を称賛した理由を推察して「そこには徂徠の思念が托せられている。日本は諸外国に超越した国であり、その象徴が富士であるとする思念である。そうしてこの国に生まれたおのれこそ、三国一の学者であり、その象徴も富士であるとする自負である。」（二三三頁）とし、さらにそれが引用の詩に直接には表れてはゐないが弟子の言語にはみえるとされる。それが安藤東野が『蘐園随筆』刊行に際しての序にみえる「徂徠先生は、其れ芙蓉の白雪なる邪《か》」であるとし、その富士が「中国」に存在せず日本に存在することを説きつつ、「徂徠先生」の出現が富士と即応し「先生の偉大さは、富士と同じであり、世界に冠絶する。」（二三四頁）といふのである。

だから、「中国の日本に対する優越をいいつづける徂徠が、あるいはその親密な弟子が、逆に日本の中国に対する優越をいうこと、矛盾のごとくである」（二三五頁）が、矛盾ではなかつたとし、「中国」の優越は古代の「先王の道」の時代にあつたからであるとし、それを失つた「中国」に対して、それを再獲得した日本の徳川王朝が「中国」に優越するといふのが徂徠の認識であつたと吉川博士は説かれる。そして、「日本国夷人物茂卿拝手稽首敬題」といふ署名も「一すじ縄ではゆかぬ措辞」（二四一頁）ではないか、と述べ、孔子以後、孔子の伝統を夷人なる故に継承し得るのは徂徠自身であるとされる。

大筋以上が、A論文の徂徠論である。

次にB論文の主旨をみよう。B論文では特に前半部に注目せねばならないであらう。その主旨は、徂徠の考え方には「日本の神道」や「日本仏教」からの示唆とともに「日本的伝統による虚構の尊重」といふ傾向がみられるところから「日本的思想家」といへる、といふにある。

まづ、伊藤仁斎との比較において、

仁斎の「論語古義」がこの章（梶山註、子罕篇）から出発して、孔子が東方に居ることを欲したのは、わが日本のごとく、太祖神武帝が、周の恵王《けいおう》の十七年に国を開いて以来、「君臣相い承けて、連綿と絶えず、之れを尊ぶこと天の如く、之れを敬すること神の如く」であること、中国の及ばぬ国が存在するからだというのに対し、徂徠は反論していう、日本はむろん立派な国である。しかし立派さは、仁斎のいうような点にあるよりも、祭政一致にこそある。且つそれはまさしく夏王朝、殷王朝の「道」なのであると、ここでは断言し、儒者たちは周王朝の文献のみを読むゆえに、日本の方法は、中華聖人の「道」と合致しないというが、これ思わざること甚しであるとする。（二四九頁）

とし、「祭政一致」に神道からの示唆をみてゐるのである。そして、「超自然への敬虔を説くことは、神道説からの影響のいかんにかかわらず、彼が中国的思想家であるよりも、日本的思想家であることを示す」（二五〇頁）ともされる。

仏教に関しては「彼の言説の中に、親鸞の『歎異抄』と酷似するものを、見いだすからである。」（二五三頁）とし、

もっとも「歎異抄」は、明治の清沢満之以前、江戸時代には必ずしも普及しなかったと、専門家からは聞く。しからば親鸞その人からではなかったかも知れない。しかし彼の信頼の哲学が日本仏教の影響の下に成立したことは、もはや疑いを容れぬと思われる。何となれば、これまた中

国的思考ではないからである。（二五四頁）

と述べられる。

また「日本的伝統による虚構の尊重」に関しては、

早く虚構の文学を発生させ尊重した日本の伝統は、以上のような中国の伝統とあい反する。ところが徂徠には、日本的伝統によって、虚構の文学の価値、より詳しくいえば人間研究の方法としてのその価値を主張する文章がある。（二五八頁）

とし、「本邦の人の聡慧なるは、絶えて外国の及ぶ可きに非ず矣」といふ一節をあげ、『伊勢物語』が業平の歌を説明する方法を指摘される。その他、いくつかの日本的思考の実例をあげ、「むすび」では次のやうにまとめられてゐる。

しかしまた前の論文（梶山註、A論文）の後半で述べたように、民族主義者として、日本の中国に対する優越、少なくとも「先王」の「道」を喪失して病態におちいってのちの中国に対する日本の優越を説く彼は、そうであるのにふさわしく、この論文で列挙したように、日本的伝統からの寄与を、自覚的積極的にうけ入れている。あるいはまた自覚せずして、中国の伝統に連なるよりも、より多く日本の伝統に連なる。もっともそれらを非中国的とするのを、彼は必ずしも承認しないであろう。病態におちいってのちの中国とは連ならなくても、「先王」の中国とは連なるとするであろう。（二七八頁）

以上の抽出によつて、吉川博士の指摘は十分に理解し得るであらう。しかもそれが徂徠理解に大きな役割を果たすことも認めてよいであらう。だが、博士のいはれる「民族主義者」や「日本的思想家」といふ言ひ方はあまりにも漠然としたものであつて、果たしてこのやうな捉へ方が思想史上有効な方法なのか、疑問なしとしない。そこで次に、水戸学派との比較によつてその相違点を考へてみることにしよう。

三　徳川光圀の「中国」観

まづは、徳川光圀の「中国」観（本来は毛呂己志観とでもいふべきであらうが、吉川博士の論との対比上このやうに表記する）から眺めてみることとしよう。生涯をかけた『大日本史』の編纂が司遷の『史記』を範としたくらゐであるから、光圀の「中国」への思ひ入れが相当なものであつたことはいふまでもないであらう。安見隆雄氏の「義公と伯夷・太伯・陶淵明について」（『水戸光圀と京都』所収）と栗原茂幸氏の「徳川光圀の政治思想」（『東京都立大学法学会雑誌』一八―一・二合併号所載）により若干の例示を試みよう。まづ安見氏は伯夷への思慕と『大日本史』の編纂はいふまでもないとして、「梅里先生の碑陰幷びに銘」と陶淵明の関係をみると光圀は淵明の「五柳先生伝」に倣つたのであり、その生き方を崇敬したのであつた。安見氏は構成上の共通点として出自、性格、文章と修史、賛、銘が挙げられるとする一方で、藩主引退と譲国、寿蔵碑の建立の相違点も指摘される。しかし、それら

は「帰去来之辞」と「自祭文」に基づくとされる。さらに、興味深いのは譲国と引退にともなふ疑問としてあげられた、

①なぜ六十三歳で突然に引退したのか。
②なぜ権中納言への任官を辞退したのか。
③なぜ元禄三年、田中村の郷士大内勘衛門の家で越年したのか。
④なぜ西山であつたか。
⑤なぜ西山荘の規模・造作が簡素なのか。
⑥引退後の生活は殊更に質素であつたのはなぜか。

の項目のすべてが陶淵明に通ずるとされたことである。その事由を逐一指摘することは避けるが、ここでは光圀の陶淵明に対する思慕の念を確認すればそれで十分であらう。

栗原氏は光圀の王朝憧憬として冷泉為景との交流にふれ、いくつかの七言絶句に言及されてゐる。たとへば「君は京洛に居りて中朝に直す」といふ場合の「中朝」は我が国のことであり、朝廷との関係を聖主と臣、幕府との関係を陪で表明してゐることなどにふれてゐる。特に安見氏との関連で注目するのは字の「観之」についてである。それは鎌田重雄氏の解釈（『立正大学文学部論叢一』所収「徳川光圀の名・字・号とその出典」）を引用しながら「中国」の名字法に従つたことに言及し、政治的意図を匂わせることによって詩歌文学における王朝憧憬という枠を逸脱している、と言わ

ざるをえない。光圀の朝廷に対する態度を、詩歌文学における王朝憧憬として観念の世界にとじこめて解することは、そもそも無理なことと思われる。結果としての政治的影響は、人々をして動機＝意図をもその影響から推し量らしめる。

（「徳川光圀の政治思想」五八四頁）

と述べられた点である。「観之」は『周易上経』にみえる、

六四、国の光を観る。用て王に賓たるに利《よろ》し。

象に曰く、「国の光を観る」とは、賓たらんことを尚《こいねが》ふなり。

によるとされ、新釈漢文大系では「六四は陰柔正位で六五の聖賢の君位に接近してゐる。大観する君を仰ぎ観て、国の光華盛美なるを観るの象である。」とし「国の光を観る」は「その志は王朝に賓たらんことを庶幾《こいねが》ふことにある。」と注釈されてゐる。これを鎌田氏は「天皇補弼の大任を有し、以て国の光を盛んならしむるという意、すなわち尊王の義を表わすものとして名乗っていた」（九六頁）と考へられる。さらに「かく尊王の義を以て「光国」の意としていたのであるが、のちさらに彼独特の尊王心から国の字を避けて、敢えて圀の字に改めたものであろう。」（同頁）と述べ、「光圀自身は光国の意味を易の上経観の六四の卦に求め、尊王の義において光国を解釈し、のち更に国を改めて圀としたものと私考する。」（九七頁）とされる。注目すべき見解であると思ふ。栗原氏のごとくに、私も「観念の世界」に閉じ籠もつてゐては光圀を理解することは困難であると思ふ。引用部分（傍線部）からは、やがて幕末に至つて光圀の思想が継承されることの暗示が窺へるのではなからうか。

ところで、光圀の「中国」観といへば「西山随筆」（『水戸義公全集』中所収）にみえるあの有名な一節を挙げねばならないであらう（二一五頁）。

一毛呂己志を称して文字に著すには震旦とか支那と書へし、漢といへは劉漢にかぎり、唐といへは李唐にかきり、明といへは朱明にかきれり、一代の国号を万世用ゆへからす、然るに震旦支那は西域より唱ふる言とて嫌ふハ偏見なり、外国ハ外国の言に随こと多し、或ハ俗語に随ひ唐《タン》山《ザン》と称してもよかるへし、

一毛呂己志を中華と称するは其国の人の言にハ相応なり、日本よりは称すへからず、日本の都をこそ中華といふへけれ、何そ外国を中華と名付んや、そのいわれなし、

意味は明瞭であり、ここでいふ呼称としての「中華」はいはゆる「中国」のことではない。光圀の考へ方によれば一般的な称呼である「毛呂己志」は、「震旦」または「支那」とすべきだといふのである。むしろ「中華」は日本の都のことであり、我が国から使ふべき言葉ではないと断言してゐるわけである。蛇足ではあるが、「震旦」はシナスタン、「支那」はシナの音訳であり、「西域より唱ふる言」といふのは西域に居住するシナ人が秦人と呼ばれてゐたことに由来し、それは『史記』や『漢書』にみえてゐるといふ（高島俊男氏、文春文庫『本が好き、悪口言うのはもっと好き』所収「『支那』はわるいことばだろうか」参照）。

この光圀の「中国」観は当時知られたものであつた。それは『新蘆面命』（谷秦山日記の一部）とい

ふ書物に、

木下平之允（公方儒者二百五十俵）モロニテハ中華中華ト申サレ候へ共蔵人殿尋ラレ候へバ華トハ国号ニアラズ申サレマシキコト也漢ナレバ漢明ナレバ明ト時々ノ代ノ名ニテ申ヘキコト黄門様（光圀）ノ説可然ト申サレ候事

とみえるからである（前掲栗原氏六一二頁）。文中の「木下平之允」は木下順庵であらう。順庵は寛文十二年ごろから二十年以上にわたつて光圀との交流を維持してをり（木下一雄氏『木下順庵評伝』）、光圀の「中国」観が順庵に伝はることは充分にあり得ることだからである。また、光圀が朱舜水を招き師と仰いだことは人口に膾炙するが、その他心越など「中国」からの渡来者を招いたこともあげられよう。このやうな光圀の思想や行動をみると、そこには明かな「中国」崇拝を窺ふことができようが、その崇拝は果たして徂徠の場合とどのやうに異なるのであらうか。節を改めて考へてみることとしよう。

四　徳川光圀と荻生徂徠の相違

一見類似にみえるけれども、両者の「中国」崇拝には本質的な相違がある。御三家と将軍に仕へた幕臣との立場にはともに通ずるところがあるのは認めなければならないが、根本的立場に厳然とした違ひがあることも否定できない。吉川博士が指摘された諸事例には徳川幕府の存在をふまへたものであるか、あるいは幕府になぞらへたものである。いはば、徳川幕府を第一とする幕府主義があつてはじめて理解できるものなのである。もとより光圀が御三家の当主である以上、徂徠とは比較の対象とすることができないほどの重大な立場にあつたことはいふまでもないが、それでもなほ幕府以上の存在を念頭に置いてゐたことを重視しなければならないのである。それは前章でも指摘した官位に対する見方にも窺へるが、朝廷（皇室）の存在に対する具体的態度、すなはち崇敬心を除外して考へることはできないといふことである。

それを示す代表的史料を改めて引用すれば、『桃源遺事』巻之三にみえる、

西山公むかしより御老後迄、毎年正月元日に、御ひたゝれを召れ、早朝に、京都の方を御拝し被遊候。且又折節御咄しの序に、我か主君は天子也、今将軍ハ我か宗室也。（宗室とハ親類頭也）あしく了簡仕、取違へ申まじき由、御近臣共に仰られ候。（『水戸義公伝記逸話集』一一八頁）

といふ一節であるが、ここにみえることは他でも裏付けることができる。たとへば、これまで光圀の尊皇精神として指摘されてきたことであり、朝廷との種々の関はりである。特に後者については名越時正氏の論考（『藝林』四十三巻第一・二号所載「徳川光圀と京都」）や安見氏の前掲書などを参照されたい。

両者を比較するとき、光圀のこのやうな態度とA論文の「王室への態度」にみられる徂徠の態度とが明らかに異なつてゐるといはざるをえないと思ふ。徂徠が徳川氏を「中国」の皇帝になぞらへるとともに将軍を天子と同等にみてゐるのに対して、光圀は将軍と天子の立場（主君と宗室）の相違を認

識してゐるからである。

ここで一つ駄目を押しておかう。それは今中寛司氏が引用される左の一節である。

洛は共王の居、寒暑風雨の会する所、山川秀麗、土潔《きよ》く水冽《つめた》く、その民や斷斷《ぎん》然たり。その君子や間暇以て楽しむ、故にその学は周密以て緩を詳にするを貴び、その文章は悠然として世を曠《むな》しうするの思いあり。またいう、関中は興王の地、元気の鬱渤《うつぼつ》するところ、奔蒼《ほんそう》千里、海を負い原を抱き、その民や夸《くわ》、その君子や事功に趨《はし》るを喜ぶ。故にその学はその大を先に立つるを貴び、その文章は渢渢《ひゆう》乎とした大国の音あり。

(『徂徠学の史的研究』二八六頁)

これは師たる中野撝謙《いけん》の京都行に対する送別の辞といふが、明らかに江戸と京都の認識に差があるとみられよう。今中氏はこの一文を次のやうに解説されてゐる。

この文章は、江戸と京都の風土についての徂徠の観察が中心となっている。それによると、徂徠は、京都を「共王の居」といい、江戸を「興王の地」と見ている。「共王」とは前朝の王、あるいは亡国の王のことであり、「興王」とは「時王」のことである。このように徂徠は、京都朝廷を単に亡国の王としか見ておらず、京都文化は隠逸の文化であるといっている。これに対し江戸は、「時王」の都であり、江戸文化は「事功」にはしる現実社会と見ている。これが宝永期における徂徠の同時代史観である。

(同二八七頁)

このやうにみてくると、両者の相違は前稿で述べた「②精神」の観点から考察することによつてより明かとなり、次にはその継承状況が探求されねばならないであらう。かうした点から以後の水戸学を考へるとき、そこには徂徠学とは異なる一貫した思想の流れをみることが十分に可能だからである。

五　徳川光圀の思想の継承

このやうな光圀の思想はすでに栗山潜鋒の『保建大記』にみえてゐる。巻の下の清原頼業にふれた条であるが、「臣愿曰く、華・夷、何の常か之れ有らん。華にして夷の礼を用ふれば、則ち夷なり。夷にして華に進まば、則ち之を華とす。古の制なり。聊《いささ》か掌《こころ》みに之を論ぜん。」として述べた議論である。ここでは、「故に彼此、皆自称して中国と曰ふ。蓋し外国に対するの通称にして、固より、此の土《ど》、堪輿《かんよ》の正中の在り、と言ふには非ざるなり。其の、或は神州と為し、或は神国と為し、且つ海内を天下と為して、外を夷と為し、蕃と為すに在りては、則ち倶に九九総域の通言に非ずと雖も、亦、各国自ら称して、彼此、相害すること無し。」として、

近ごろ学、市井に墜《お》ち、文、搢《しん》紳に振はず。旧典に懵《くら》くして、之を顧みず。或は元・明を呼びて中華と為し、自ら称して東夷と為す。殆ど、万世父母の邦を外視して、百王憲令の著はるるを無《な》蔑《み》するに幾《ちか》し。
（日本思想大系本三五八頁）

と論ずるのである。先に引いた光圀の「中華と称するは其国の人の言にハ相応なり、日本よりは称すへからず」と全く同様の論旨である。したがつて、光圀から潜鋒への継承は明かであるといはざるを

えないのである。

問題はこのやうな「中国」観が以後の水戸学にどのやうに継承されたかである。一般的にみて藤田幽谷の『正名論』が光圀以来の水戸学の一つの要約であるとするのに異論はあるまいが、前年に当たる寛政二年に幽谷は「送原子簡序」の中で、

我西山先公、嘗て是非の迹、天下に明かならず。而して善人勧む所なく、悪者懼るる所なきを憂ふ。乃ち慨然として大日本史を修む。上は皇統の正閏を議し、下は人臣の賢否を弁ず。帝室を尊び、以て覇府を賤しむ。天朝を内とし以て蕃国を外とす。（『幽谷全集』二六五頁、原漢文）

と述べてゐる。傍線部に留意すれば「覇府」が必ずしも徳川幕府を指すと解さなくとも徂徠流の幕府主義とは全く異なり、「天朝を内とする」が一般的な意味合ひでの使用であるとしても、そこには十分に光圀の思想を捉へてゐるとすることができよう。

また、会沢正志斎が『新論』冒頭に、

神州は太陽の出づる所、元気の始まる所にして、天日之嗣、世宸極を御し、終古易らず。固より大地の元首にして、万国の綱紀なり。（日本思想大系本五〇頁、以下同じ）

と述べ、『退食間話』に「近世に至りては、荻生翁の徒の如く、唐土をば中華・中国など、称し、自ら東夷・日東など称する類にして、神州の臣民、敢て云ふべき所に非《あらず》」（二四三頁）と述べるところと藤田東湖が『弘道館記述義』に「皆蛮夷の物にして、神州の固有するところにあらず」（二六一頁）「神

州の尊きは、万国に冠絶せること、固よりなり」（二七八頁）「夫れ華夷・内外は天下の大閑なり」（二八二頁）と述べてゐることなども光圀に連なるとすることができよう。

何よりも正志斎が『及門遺範』に、

先生春秋の王を尊び夷を攘ふの義に原づき、尤も名分を謹む。君臣上下の際、華夷内外の弁、之を論ずること極めて詳明なり。（『幽谷全集』七八七頁）

と述べてゐることには幽谷における光圀精神の継承をみることができようし、さらに幽谷門人の吉田活堂が『宇麻志美道』総論に、

又今の漢学のともがら、漢人のものいふを、華言といひ、文字よむ声を、華音といひ、彼国の事を、中国など、かけども、いたく誤也、古の人の、中国とかけるハ、皆皇国の事なり、彼の土人《クニビト》は、中華とも、華夏とも、それハ彼が内辞なれバ、いかにもいふべけれども、それにならひて、皇国人まで、彼土の事を、中国などは、いふべからざる、言《コト》なるをや、（拙著『吉田活堂の思想』八八頁）

と記してゐることや『鎖狂録』で、

徂徠などが如く、たふとき神の御国に、生れながら、自《ミズカ》ら東夷の人とかき、春台か鎌倉紀行に天皇某所書などかけるともからに対して、大和魂をな失《ウシナ》ひそとハいふになむ、（拙著『水戸派国学の研究』六七六頁）

と批判したことも同様であらう。

また、朝廷への崇敬に関しても「弘道館記」の記述形態をはじめとして多くの事例をあげることができるが、ここでは『武公遺事』の一節を掲げておかう。

一公は平生朝廷をことの外御崇敬被遊けり或時景山公子へ御意被遊けるは何方の養子と成候とも御譜代大名へは参り不申候様に心得可申候譜代は何事か天下に大変出来候へは将軍家に随ひをる故に天子にむかひたてまつりて弓をも引かねはならぬ事也常に君としつかうまつる故にかくあるへき事なれとも我等は将軍家いかほと御尤の事にても天子に向ひ弓をひかせられなは少も将軍家にしたかひたてまつる事はせぬ心得なり云々

（『水戸藩史料別記上』五頁、傍線は梶山）

武公は烈公斉昭の父治紀のことであるが、ここに述べられてゐることは明らかに朝廷への崇敬の表明といつて差し支へあるまい。養子の件は斉昭の子息たちの場合もあてはまるから十分に武公の意思は達成されたことになる。

このやうにみてくると、光圀の「中国」観や朝廷崇敬の継承は明かであるといへるし、またそこには徂徠学とは全く異なつた観点を認めなければならないであらう。

をはりに

改めて吉川博士の徂徠論を一言に要約すれば我が国の独自性を認識してゐるといふことであらうが、しかし果たしてそれは「皇朝百王不易之史」（安積澹泊）の認識に直結し「万古一姓」（大内熊耳）の皇統を以て原理づけられる歴史の把握なのであらうか。幽谷の「君臣の名、華夷の分を知らず」（『及門遺範』）といふ徂徠批判は東湖や正志斎のそれとともに、水戸学派の代表的徂徠批判であるが、これは水戸学と徂徠学の認識と把握の相違を端的に示すものであらう。前章に小島康敬氏による徂徠批判の四分類（『徂徠学と反徂徠』二〇三〜二〇四頁）をかかげたが、そのうちの、

3中華主義的な考え方に対する批判

に水戸学派からの批判は該当するであらう。したがつて、徂徠学との関係もこの観点を重視すべきであり、単に「民族主義者」とか「日本的思想家」といつてみたところで類似を指摘したことにはならないと思ふ。すでに述べたやうに、吉川博士の指摘は徂徠理解の大きな手助けとはならう。ここで私が強調したいことは、博士の指摘がそのままに水戸学にはあてはまらないといふことなのである。それは前章でもふれたが尾藤正英氏の弁護は何ら意味をなさないといふことであつて、なほかつ「水戸学」（吉川博士の使用は後期水戸学のみを指すと思はれる）が徂徠に発源することはありえないといふことでもある。

この点（前章に述べた「②精神」）において、後期水戸学が徂徠から影響を受けることは全くないのであつて、むしろ否定や批判のみが存在するのである。

付記

本章での主旨は栗原茂幸氏が「後期水戸学における制度論的思考の成長には、徂徠学が与かって力があったことは間違いない。」（前掲「徳川光圀の政治思想」五九五頁。傍点は梶山）と述べられてゐることまで否定する訳ではない。それは本居宣長なども徂徠学から一種の研究方法論を学んでゐることと同様である。

第三章　『大日本史』続編に関する一考察

――特に『倭史後編』をめぐって――

一　問題の所在

藤田幽谷は天明八年五月、時の彰考館総裁立原翠軒に一書を提出した。すなはち「呈伯時先生」（『幽谷全集』一三一～一三三頁）である。この時幽谷はわづかに十五歳で正月に入館してまだ五ヶ月が経過したにすぎなかつた。一書に訴へたところは『大日本史』の続編計画であり、その責を担おうとの決意を表明したものであつた。それは「当時諸先生。相与抽之。修大日本史。絶筆於南北統一之時。其旨微矣。若其後事。則附諸続編」とし「故小子竊自奮。欲修続編」といふものである。続編の必要については「由応永而来。三百有余歳。国之治乱。人之賢否。其事紛然。苟無続編之作。則恐隕滅不伝矣」からであり、「而無続編。則安在其能考来也」とした。それが為されなかつたのは先務として「専在補前書志・表之闕。而未遑続編也」だつたからであるとし、また「倭史後編之作」にふれては「良史所著。顧非不美。而其為書也。議論居多。而略事実。亦未能無憾焉」とし、続編を担ふ意気込みが全編に漲つてゐる。そこには幽谷の学問が躍動し、若き天才の純粋かつ一途な思ひを窺ふことができよう。

ところで、この一文にみられる続編の主張に対して次のやうな解釈がある。

この事実は、彼が酒泉らの「続編」にいかに強い対抗心を抱いていたかが窺えて興味深い。藤田としては、酒泉らとは思想的立場を異にする観点から、「続編」を編纂しようとする意欲をもったのであろう。

（鈴木暎一氏『水戸藩学問・教育史の研究』七四頁）

果たして十五歳の少年のこの主張に「思想的立場を異にする観点」からの「強い対抗心」が窺へるであらうか。むしろ、酒泉らへの批判は後年のことであり、この時点では「西山公精神」を継承しようとする純粋さのみであつて、この一文から対抗心の片鱗をさへ窺ふことはむづかしいと思はれる。しかも、当時の彰考館は紀伝の完成に全力を傾注しようとする時期であり、続編どころではなかつたはずである。確かに二十四歳の時に脱稿した『修史始末』には続編編纂を主張した酒泉総裁らへの批判記事があり、鈴木氏も引用されるやうに『修史始末』自体が酒泉総裁らへの非難を目的とした感さへあるほどである（前掲書。名越時正氏『水戸光圀とその餘光』二五三頁参照）。しかしながら、それはあくまでも後年のことである。

以下、本章では『倭史後編』をめぐる諸問題の考察を通して続編問題を取り上げてみたいと思ふ。それは水戸史学の根本に関はる重要事だからである。

二　義公光圀の意図に関する所論

続編問題に関して新たな問題を提起されたのは鈴木暎一氏であり、それは『茨城県史研究』第五十五号に発表された、

『大日本史』の続編計画をめぐって

においてである（後『水戸藩学問・教育史の研究』に収録）。その論点は藤田幽谷の『修史始末』にとらはれることなく続編計画を見るべきであり、それは「理論上の要請ないし帰結として必然性のあること」であつて、義公「光圀の意図に反しているとは考えにくい」とされることにある。さらに栗山潜鋒の『倭史後編』も続編を一部具体化したものと捉へられたのである。

これに対して宮田正彦氏は『水戸史学』第二十四号に、

鈴木暎一氏「『大日本史』の続編計画をめぐって」を読んで

を発表し（後『水戸光圀の遺猷』に収録）、鈴木氏が「続編の意図が、光圀の主旨に添ふもの（この点について氏は何ら積極的には論証してゐないが）であり、したがつて、続編が光圀を逸脱したものとする樸斎・幽谷の見解、ひいては氏の所謂「伝統的見解」は公正ではないとする結論」に反駁された。それは鈴木氏が宮田氏の『水戸史学』第十二号に水戸史学先賢伝として書かれた「樸斎　打越直正」（後『水戸史學先賢傳』及び『水戸光圀の遺猷』）に収録）を批判されたためでもある。

さらに飯田瑞穂氏は『中央史学』第十三号に、

鈴木暎一氏「『大日本史』の続編計画をめぐって」吹毛

といふ批判を発表された（後『著作集2』に収録）。すると、宮田氏には反論されなかつた鈴木氏であるが、飯田氏に対しては『茨城県史研究』第六十六号に、

再び『大日本史』の続編計画をめぐって――飯田瑞穂氏の批判に答える――

との反論を書かれた。それに対して飯田氏は再度批判を書かれたが急逝されたため、未発表となつてゐた。それが十一年後になつて『著作集2』に収録された、

再び鈴木暎一氏「『大日本史』の続編計画をめぐって」吹毛

である。これらの論点は多岐にわたるので要約することは避けるが、革命論に関しては先稿に論述した（『水戸史学』第五十五号所載拙論、『大日本史と扶桑拾葉集』にも収録）。ここでは、本章の主題である続編問題に限定して取り上げることにしたいが、問題となつてゐる史料「続編議」そのものについては飯田氏の批判を参照していただきたい。

論述の順序として、まづ義公光圀の意図を確認するところから出発したいと思ふ。それは「御意覚書」天和三年十一月五日の条にみえる、

一後小松迄ニテ絶筆と兼而被仰出候得共、思召御座候間、後小松以後ノ事ニ而も紀伝ニ入可申所ヲハ、右之通表題朱点可仕候事。

（『水戸義公伝記逸話集』二〇二頁）

との一条をいかに捉へるかといふことから始めねばならない。鈴木氏は先論で直接の解釈ではないが「これが直接「続編」を指示したわけではないとしても、後世に「続編」の含みを残したものと理解されてもやむをえないことであったと思われる。」とし、続編を認める立場から捉へられてゐる。このやうな捉へ方はすでに吉田一徳氏が『大日本史紀伝志表撰者考』に「或は後小松以後の紀伝をつくる御意ではなかったろうかと解釈されないでもない。早速史館衆の間に疑義が生じたのも当然であろう」（三九八頁）と表明されてゐたことである。これに対して宮田氏は、

　実際のところ、この「思召」を真直ぐに読めば、後小松以後を記すことを命じてゐるのではなく、神武～後小松の記事（すなはち、思召の中の「紀伝」）に加ふべきことがあれば、後小松以後のことも摭《ひろ》ひ出して記せよ、といってゐることは明瞭である。

（『水戸光圀の遺猷』九六頁）

と解釈され、また安見隆雄氏は、

　当時の史臣達は、この義公の「思召御座候間」の意味が理解できずに、続編に走ってしまった。

（『水戸光圀と京都』二四八頁）

と述べられてゐる。安見氏の論点は後述するが、率直にみれば宮田氏の解釈のごとくであらう。鈴木氏や吉田氏のやうな取り方も可能ではあらうが、ただ何分「御意覚書」の記事は簡潔であるから、もう少し類似の史料を探らねばならない。実は類似の史料は吉田氏が示されてゐたのであるが（前掲書三九八～三九九頁）、それは『江戸史館雑事記』天和三年十一月六日の条にみえる次の記事である。

一後小松帝紀列伝之儀承届候、乍去只今迄之参考ハ明徳三年迄ニて、其末は帝紀列伝ニ入申事皆見捨ニ仕り候て、参考ニ出し不申候、只今より左様ニ後小松已後標出仕候ハヽ、只今迄之参考ノ諸書も皆々再考不仕候はてハ成申間敷候、左候ハヽ、功費居多ニて御座候間、願は只今より之朱字標出も明徳三年迄ノ事のミニて仕舞申度候、紀伝補入透と仕舞申候已後、神武より大校考ノ時、後小松已後迄もせんきいたし紀伝立申度候、何時も成可申候やと存候、此段御相談被成候て、被得御意間敷や、御意極り次第朱字標出ノ為早ク承届度候、

一右之段御意相極り申候ハヽ、後小松已後ノ事ニても紀伝へ入可申候所弥標出仕ルニて候ハヽ、其時代年号何比迄と御書付置可被下候、後小松已後迄と斗り有之候てはいつ比迄之事ニて候や難計候、

（『茨城県史料』近世思想編三七九頁）

吉田氏はこの史料を提示した後では「義公の遺意と解すべき根拠は毫も存しない」と続編の遺意を否定されてゐる（前掲書三九九頁）。吉田氏が解釈されたやうに後小松天皇紀は明徳三年では完結しないから、それを完結させるためには明徳三年以後も史料を探らねばならないはずである。それが「後小松以後ノ事ニ而も紀伝ニ入可申」であり、「後小松已後迄もせんきいたし」の目的であつたと思はれる。「紀伝へ入可申候所」の具体案は「其時代年号何比迄と御書付」ることであつたが、この時すでに「いつ比迄之事ニて候や難計候」と下限に対する疑問が生じてゐたわけである。もつともこの疑問が続編に直接に結び付くものと考へることはできないであらう。雑事記から見る限り、ここでの問

題は後小松天皇紀の扱ひに終始してゐるからである。いづれにしても、いま義公光圀に続編の遺意が存在したといふ明確な事実を確認することはできない。

しかし、一つ問題がある。それは『修史始末』天和三年十一月五日の条にみえる「今観明徳以後紀伝之命。則　公亦似有修後編之志。史館命名。義在彰往考来。則其有此命。不亦宜乎」（『幽谷全集』七〇頁）といふ記事である。この記事は『史館雑事記』によつて概要を述べた後の按文にみえるが、この記事からすれば幽谷は義公に「後編」の意思を認めてゐたやうにも思はれる。ただ、酒泉・佐治両総裁の続編計画に対しては「大早計」であり、「続編者。首尾衡決。取捨無鑑。徒仮此。以為挽留館脈。遷延歳月之具。豈不鄙哉。縦其有成。亦不免以狗続貂之譏。」（同頁）として、「請禁編輯続編上疏」を著して続編に反対した打越直正を称揚したのは事実であるから「後編」が即続編を意味するのかどうかはにはかには断じがたいのではあるまいか。

三　『倭史後編』の問題（1）

次に『茨城県史料』近世思想編に収録された「続編議・樸斎正議」の末尾にみえる断片を検討しよう（四五七頁）。

元来続編ハ　恭伯様御繁昌之節安兄へ申進候通にて候、其趣有増又此度申進候、恭伯様御意ニハ近代之事実今世之鑑に罷成候間、紀伝一通り済候ハヽ、近代之事取集、仮名書に成とも先仕立指

上可然段、何角思召共被　仰出候付、覚兵衛近代之事ニ致熟練居申候申談候ハヽ、如何様とも思召ニ相叶候様、可罷成段、御挨拶申上、早速其趣安氏へ申遣候処、安子大同心ニ而山中鹿之介議論等迄永々と申来候、且又栗山源介も先年思召ヲ請候而、和史後編草稿相見へ申候、是続編之発端ニ而候、云々、

以上が全文であるが、日付は十二月十四日、差出人は佐治理平治と酒泉彦太夫、受取人は大井助衛門と神代杢大夫である（ともに総裁）。一見して書簡の抄出であることは明かだが、文中の「恭伯様」は三代綱條の子吉孚《よしざね》、「安兄」「安子」は安積澹泊のことで、「覚兵衛」は安積の名である。宮田氏が注目せられたやうに、ここで佐治・酒泉両総裁は続編が「恭伯様」の意志によると述べてゐることを重視すべきである。それは義公ではないといふ点であるが、ここでは「恭伯様」が『大日本史』以後の「近代」に関心をもつてそれを安積に語つたにすぎないのであつて（ここにいふ「近代」は安積の『烈祖成績』や「山中鹿之介議論」からみても戦国末期以後を念頭に置いてゐるとすべきであらう）、しかも「仮名書」でもよいといふのである。「紀伝一通り済候ハヽ」とは『大日本史』紀伝が完成した後のことであらうが、仮に続編とするにしても『大日本史』と同列に扱ふことはできないと思はれる。むしろ「恭伯様」自身から発せられる意思であり続編そのものとは別個とすべきであらう。それは『倭史後編』が宝永二年までには脱稿してゐたと考へられるから（安見氏前掲書）、この時点（続編が議論されるやうになるのは正徳年間に入つてからである）で潜鋒が続編として執筆したのではないからで

ある。

この書簡の発信年次は、安見氏や鈴木氏によれば享保元年頃のものであるといふ。それは宝永六年十二月の吉孚没後で安積が『倭史後編』を両総裁に届けた頃としてゐるからである。さうすれば、義公や恭伯世子没後に続編編纂を主張する根拠とした史料となるのである。実は、この書簡も吉田氏が『倭史後編』成立の事情の史料として引用されてゐる。そこで、次に『倭史後編』そのものについて考察しなければならない。

まづ、先の書簡の「且又栗山源介も先年思召ヲ請候而、和史後編草稿相見へ申候、是続編之発端ニ而候、云々」に留意しよう。「和史後編」が『倭史後編』であることはいふまでもないが、問題なのは「続編之発端ニ而候」といふ認識である。要するに佐治・酒泉両総裁は続編編修を意図する立場から『倭史後編』を続編の発端と位置づけたのである。

ところで、鈴木氏の先論が『倭史後編』について言及してゐることはすでにふれたが、以下にはその論点を整理してみよう。鈴木氏は続編が義公の意図に添ふものであるとの観点から『倭史後編』を考へられてゐる。まづ、『倭史後編』の構成の特色を指摘されてゐるので、それを摘記すると次のやうにならう。

一、『大日本史』本紀が、後小松天皇下で終わっているのに対し、『倭史後編』は同紀下冒頭の明徳三年十月、後小松天皇が神器を受けたところから筆を起こしている。

二、後小松一代の期間を巻之一としながら、実質的には義満時代の政治史になっている。
三、巻之二では、おもに上杉禅秀の乱、足利氏一族の内紛を叙述しながら、四代将軍足利義持の、官は内大臣に留まり、父義満への尊号を辞退し、対明貿易を屈辱的としてこれを打ち切るなどの反義満政治の断行を高く評価しながらも、史料不足で義持とその施政を補佐した管領らの事績の明らかにしがたいことを慨嘆している。
四、巻之三では、鎌倉公方足利持氏と関東管領上杉憲実との確執、憲実が持氏を攻めて自殺させた永享の乱、将軍足利義教が一色義貫、土岐持頼を殺させた事件、義教が赤松満祐に誘殺された顚末（嘉吉の乱）、将軍足利義政の「奢侈遊飲」、畠山政長、同義就の家督争いなどを叙述し、義就の敗死をもって終わっている。

そして、安積の「寄泉竹軒佐竹暉両総裁書」を引き、次のやうに述べられてゐる。

安積のいうとおり、織豊時代にまで記述をおし及ぼそうとしていたかどうかは定かではないけれども、栗山の意図が「室町の盛衰」（室町政権「一宇宙」）を明らかにするところにあったことは確実である。安積が、「その志……以て室町の盛衰を究めんと欲す」と断定しているところからみて、栗山はその意図を生前安積に伝えていたとみられ、この著作を通じて栗山は「竊かに皇統の原委を表章し、人臣の幽隠を扶摘し、以て将来の鑑戒に備へんと欲」したのにちがいない、という安積の忖度も、知己の言というべきであろう。

と述べ、「栗山や安積らは、こうした儒教の合理主義的な社会観ないし歴史認識を共通に抱いていたと考えられ」、「『倭史後編』は『大日本史』の続編計画とまさしく軌を一にする著作というべく、栗山はその計画の起こる五年ほど前、すでにその構想を一部具体化していたわけである。」（前掲書六四〜六六頁）と結論されてゐる。

摘記が長すぎたきらいがあるが、節を改めてこれらの論点を検討してみよう。

四　『倭史後編』の問題（2）

鈴木氏の論点を検討するに際して是非とも勘案しなければならないのは、安見氏が『水戸史学』第十八号に発表された、

栗山潜鋒『倭史後編』について

といふ論文である。この論文は鈴木氏に先立つことおほよそ二年半前の昭和五十八年四月に発表され、後『水戸光圀と京都』にも収録された。鈴木氏はこの論文には全くふれられてゐないが、平成元年に刊行された『茨城県史料』近世思想編の解説（小松徳年氏の執筆）は宮田氏と鈴木氏の論争を取り上げた際にこの論文について次のやうに言及してゐる。

結論として、『倭史後編』は『大日本史』の続編を意図したものではなく、後小松天皇紀完成のための参考資料として、あるいはまた南朝の終熄を叙するために編述されたもので、そのことは、

天和三年の光圀の「思召」の真意を理解し、その意図を成就せしめたものである、と述べる。安見の論の妥当性は今後の検証にまつとして、宮田の論は安見の見解を援用したものである。

（二一一頁）

末尾に「安見の論の妥当性は今後の検証にまつ」とされてゐるので、以下に安見氏の見解を検証しつつ鈴木氏の論点の妥当性を考へてみよう。まづは一般的に今日みることができる『倭史後編』は甘雨亭叢書に収録の三巻本であるが（梶山架蔵は黒川真道蔵書本）、その巻末に「寄泉竹軒佐竹暉両総裁書」が付されてをり、成立事情を探るほとんど唯一の史料となつてゐる。「寄泉竹軒佐竹暉両総裁書」は安積が両総裁に宛てた書簡であり、「澹泊斎文集」巻三（『続々群書類従』第十三）にも収録されてゐる。その中で安積が潜鋒の執筆意図について述べた「往年潜鋒栗子編摩之暇。私閲諸家記載。作後小松称光後花園三帝紀。名曰倭史後編」（以下省略、後に引用）といふ箇所に関して、鈴木氏は先引の部分で「安積のいうとおり、織豊時代にまで記述をおし及ぼそうとしていたかどうかは定かではないけれども、栗山の意図が「室町の盛衰（室町政権「一宇宙」）を明らかにするところにあったことは確実である。」とし、安積が「断定しているところからみて栗山はその意図を生前安積に伝えていたとみられ」るから「安積の忖度も、知己の言というべきであろう」（前掲書六五頁）とされ、安積の記すところを全面的に採用されてゐる。ただ、「確実」とか「断定」とか言っても実証されてゐるわけではないし、「室町の盛衰（室町政権「一宇宙」）」を明らかにすると言っても「（室町政権「一宇宙」）」なるものが鈴木氏の創作にすぎないから、潜鋒の意図を推し図つたことにはならないと思ふ。なほ、「（室町政権「一宇宙」）」については飯田氏の批判があるから参照していただきたい。

さて次に、安積と潜鋒の関係について安見氏はどのやうにみてゐたか、を検証しなければならない。安見氏も「寄泉竹軒佐竹暉両総裁書」によつて安積に『倭史後編』が『大日本史』の続編とする考へがあつたことは認めた上で、安積が『倭史後編』を託された当時の状況を考察されてゐる。年代順に整理してみると、まづは義公薨去の元禄十三年、葬儀を司つたのは中村篁渓と潜鋒の二人で、『義公行実』の選定は安積と酒泉を加へた四総裁に命ぜられたが中村と安積を「相談相手」として潜鋒が中心となつて執筆に当たつたのであり（『水戸義公伝記逸話集』解題）、安積は「潜鋒の文、一辞も賛すること能はず」と感嘆するのみであつたといふ（甘雨亭叢書収録の「潜鋒栗山先生伝」及び『水戸史學先賢傳』二〇八頁）。このやうなことから義公の晩年に安積の関与は余りなかつたのではないか、とされたのである。

第二に、元禄十五年江館では後嵯峨天皇から後小松天皇までを担当することになつたが（『大日本史紀伝志表撰者考』九九頁）、この時江館総裁を勤めてゐたのが中村と潜鋒の二人であり、おそらくこの頃に『倭史後編』の執筆が始められ宝永二年ころまでの四年ほどの間に脱稿したと安見氏は推定されてゐる。それは明徳三年以後が今後編述しなければならない情況にあつたからであり、その参考に供するために執筆したとされる。その様子を安積は先の書簡に「当時観瀾宅兄相与検討商確。屢言其昼則登館。夜則焚膏。反覆弁論。不得其要則不輟。宅兄頗困頓。而栗子披閲自若也」として、これが早逝の原因だと述べてゐるが、何故にこれほどの情熱を傾けたのか、と疑問を出されてゐる。元禄十五年当時、安積と酒泉は水館総裁の地位にあり、潜鋒は中村とともに江館総裁であつて三宅と議論を交へながら『倭史後編』の執筆に励んでゐた。その様子は安積も聞き及んでゐたであらうが、この書の真意は十分には理解してゐなかつたのではないか、とされる。それは後年のこの書の取り扱ひにみられるとし、『修史始末』享保元年九月の条を示される。

往年、台兄、館に在り。栗潜鋒と修撰の事を共にす。僕ひそかに謂へらく、異日論賛の筆、潜鋒と台兄とに非ざれば不可なりと。台兄、幕府の辟に就き、潜鋒、地下の人となる。僕、乏にして斯の任を承く、実に堪ふる所に非ず。今、刪潤を台兄に乞ふ。

台兄は三宅のことであるが、元禄十五年には安積は五十四歳で在水戸、潜鋒は三十二歳、三宅は二十八歳、中村は五十六歳（安見氏の四十六は誤記）であつて、ともに在江戸であつた。『修史始末』からも窺へるやうに、安積からみれば安心して修史の業を任せるに足る状態であり、ここに安積の油断があつたとされ、やがて十年の間にこの三人は没し（潜鋒は宝永三年四月、中村は正徳二年正月に没）、あるいは幕府に仕へ（三宅の幕府仕官は正徳元年三月）、再度安積の出番となるとされる。このやうな安積の立場を考慮にいれると、必ずしも安積の「忖度」を鵜呑みにすることはできないといふのも頷けるのである。私なりの蛇足を加へておくと、安積の書簡中のうち信用に足るのは事実の描写であり、推測や忖度の部分に疑問を投げかけたといふことであらう。

五　『倭史後編』の問題（3）

第三には、『倭史後編』の内容に関する安見氏の見解を検証してみよう。先に鈴木氏の論（三節の一～四）を摘記したが、それはそれで的確である。問題は『倭史後編』の執筆意図が奈辺にあるかであり、安積の書簡が必ずしも全幅の信頼をおくに足りないとすれば『倭史後編』そのものによつてその執筆意図を探らねばなるまい。そこで安見氏は『大日本史』の後小松天皇紀との比較を試みられたのである。その中で私はまづ『大日本史』の草稿本と現行本と『倭史後編』との比較に注目する。安見氏は代表例として九例を提示されたが、重要な比較であると思ふ。草稿本は彰考館に所蔵される十四枚の後小松天皇紀であるが、『倭史後編』と極めて類似なのである。その結論として安見氏はこの草稿本が『倭史後編』を参考として書かれたとしてゐる。この事実を私なりに整理すると、その成立は、

倭史後編　↓　草稿本　↓　現行本

となり、草稿の草稿的性格を持つといふことである。これは極めて重要な指摘であつて、さうすれば続編との関係は全く認められないし、安積が「寄泉竹軒佐竹暉両総裁書」で「本紀之体」と述べてゐるのはこの為と見た方がよいといふことになるであらう。さらに蛇足ではあるが『倭史後編』巻之一と『大日本史』後小松天皇紀下（現行本、大日本雄弁会本による）の条文の比較を試みよう。なほ、引

用に当たつては割註部分は省略した。

倭史後編

①

十二月壬寅。左大臣藤原実時罷。以源義満復為左大臣。征夷大将軍如故

②

四年丁丑春三月辛巳。内大臣藤原教嗣転左近衛大将。権大納言藤原良嗣兼右近衛大将。冬十二月甲申客星見西方。是歳。少弐叛筑前。義満令大内義弘撃平之。

③

九年壬午春正月。彗星見西方。秋八月癸酉以左大臣藤原実冬為太政大臣。内大臣藤原良嗣為左大臣。権大納言藤原公行為内大臣。九月丁酉。内大臣藤原公行罷右近衛大将。権大納

大日本史

十二月二十六日壬寅、左大臣藤原実時罷、以征夷大将軍前左大臣足利義満為左大臣

四年丁丑春三月二十九日辛巳、内大臣藤原教嗣転左近衛大将、権大納言藤原良嗣兼右近衛大将、冬十一月十八日丙寅、建仁寺火、十二月六日甲申、客星見西北、

九年壬午、春正月十九日癸卯、彗星見西方、夏六月大旱、四日丙辰、祈雨、秋八月二十二日癸酉、以左大臣藤原実冬為太政大臣、内大臣藤原良嗣為左大臣、権大納言藤原公行為内

言公俊兼右近衛大将。

④

十二年乙酉春二月己卯。若狭大風。遠敷二宮楼門。八幡宮鳥居倒。夏五月。春日山木枯六千余株。六月癸酉。洪水。祇園祠鳥居倒。圧殺二十余人。

⑤

十四年丁亥春二月辛卯。太政大臣実冬罷。三月己未。上準母三宮藤原氏号。曰北山院。資康女也。冬十月朔。日有食之。

⑥

十九年壬辰夏五月癸丑。内大臣源義持罷右近衛大将。秋七月壬子。権大納言藤原満教兼右

大臣、九月四日甲申、前左大臣源善成薨、十七日丁酉、内大臣藤原公行罷右近衛大将、権大納言公俊兼右近衛大将

十二年乙酉、春二月十三日己卯、若狭大風、遠敷二宮楼門、八幡宮鳥居倒、夏五月二十二日丙辰、春日山木枯六千余株、六月九日癸酉、洪水、祇園社鳥居倒、圧死二十余人、

十四年丁亥、春正月五日庚申、地震、二月六日辛卯、太政大臣実冬罷、三月五日己未、号準三宮藤原康子曰北山院、冬十一月十八日戊辰、平岡八幡宮火、

十九年壬辰、夏五月癸丑晦、内大臣足利義持罷右近衛大将、六月二十一日甲戌、南蛮遣使

近衛大将。八月壬午。帝譲位于躬仁親王。時年十二。帝之第一子也。然未行立太子礼。以親王居大納言藤原重光家。至是。初遷禁中。九月。上先帝曰太上天皇。帝尚幼。政事皆決上皇。

朝貢、秋七月二十九日壬子、権大納言藤原満教兼右近衛大将、八月壬午晦、天皇譲位于躬仁親王、九月、上尊号曰太上天皇、聴政院中、薙髪法名素行智、

⑥は巻末の文章であるが、後小松天皇紀はこの後に永享五年の崩御の記事がみられる。両書を比較すると『大日本史』の方が詳しいことは明らかであらうが、注目すべきは全く同じ文言がみられることである。これをどのやうに考へればよいのであらうか。少なくとも『倭史後編』巻之一と後小松天皇紀は年代も内容も一致するといふことはいへるであらう。文言まで同じといふことは両書が密接な関係にあるとしてよいから、『倭史後編』が先に成立して、それを参考として後小松天皇紀下が書かれたとすべきであらう。それは先に成立してゐた後小松天皇紀（草稿とはいふものの）を総裁が一部簡略化したとはいへほとんどそつくりの文章を書いて自らの著述とすることは考へにくいし、またその必要性が認められないからでもある。ここに示したのはほんの一例にすぎないが、両書の比較によつて私も先の安見氏の見解を支持したいと思ふ。

ところで、引用でも知られるやうに本紀は崩御でもつて叙述を終了することを確認しておかう。そ

れは明徳三年の南北朝合一ではなく、後小松天皇紀は崩御によつて終了するといふことであり、『大日本史』本紀のこのやうな性格と『倭史後編』がいかなる関係にあるか、といふことが次に考察されねばなるまい。これまでに『倭史後編』巻之一と後小松天皇紀下が内容上一致することは明らかになつたが、巻之二以後は後小松天皇紀下からは外れることをどのやうに解すればよいのか、といふ点が特に問題とならう。この点についても安見氏は『倭史後編』編纂の目的と意義にふれたところで、「南北朝の終焉を叙述するため」といふ観点から考察されてゐる。要するに巻之二以降は後亀山天皇紀と関係するといふのである。後亀山天皇紀は後小松天皇紀直前に配置されてゐるが、その年代の最後は長禄元年であり、やや長い割註をもつて終了する。この長禄元年は『倭史後編』でいへば巻之三の末尾の部分に当たるが、これは後亀山院崩御の応永三十一年の後の記事になる。確認のために崩御後の記事を掲げると次のやうになる（割註は省略）。

　嘉吉三年九月、前権大納言藤原有光等起兵入禁中、取神璽宝剣擁王子万寿寺僧金蔵主者拠延暦寺、金蔵主有光敗死、棄宝剣於清水寺傍、吉野遺民奉神璽擁王子二人拠吉野、円満院僧円胤亦還俗更名義有、起兵于紀伊、長禄元年十二月、赤松家士璽降吉野、殺二王子、取神璽帰京師云、

この記事に相当する部分が巻之三の後半となるが、後小松天皇の崩御は永享五年であるからこの点は巻之三の範囲である。「南北朝の終焉を叙述するため」といふ安見氏の指摘は後世の史臣（佐治・酒泉両総裁等）が『倭史後編』を単に続編とみたことと比べると極めて優れたものである。『倭史後編』

が明徳三年から書き出されてゐることと義公の先の指示等が続編として位置付ける根拠となつたのであらうが、何故に巻之一と後小松天皇紀下が年代的に重複してゐるのか、といふ点にまで考へが及ばなかつたからでもある。重複に関しても、安見氏は「下の完結ため」と「列伝の完成のため」といふ観点を提示されてゐる。後小松天皇紀下の完結に関しては特に問題はないであらうが、列伝は足利義満伝と細川頼之伝であり、ともに巻之一の範囲である。これらの完結のための準備作業として、しかも総裁としての責務を果たすために『倭史後編』を述作したのだとされる。このやうに解すると、続編とみることによつて生ずる体裁の不自然さや巻之三が中途で擱筆されてゐることについての疑問が氷解するといふのが安見氏の指摘である。

さらに安見氏は、それでは『倭史後編』が『大日本史』の完成のために書かれたとして、一体誰が『大日本史』へ編じ入れたのか、と疑問を提出される。それへの回答として潜鋒自らによつて編纂に取り入れられたとし、さうでなければ三宅との深刻な議論が交はされるはずはないし、私的な著述のために無理を重ねて早逝することになつてしまふとし、また安積の矛盾撞着は私的な著述とした点から始まるとして、『倭史後編』が渡された時にはすでに用済みだつたと結論されてゐる。

このやうな安見氏の主張は傾聴に値するが、一体義公の命を受け、総裁の地位に就く者が『大日本史』と類似の（一般的にみて）、しかも私的な史書を著すであらうか。そのやうな史書を著さないのが史臣の立場ではなかつたのか。いづれにしても『倭史後編』を単に続編とすることはできないのである。

ただここで考慮しなければならないことは、『保建大記』保元元年の条に『大日本史』巻四十九の同年の条とほとんど同文の箇所があることである。この箇所はどう解釈すればよいのであらうか。『保建大記』が『大日本史』を参考として書かれたとすべきなのか、あるいは同様の史料を使つた結果類似の文章になつたといふことなのであらうか。このやうな事情をふまへると、『倭史後編』の場合も同様のことを一応は考へなければならないかもしれない。

六　「寄泉竹軒佐竹暉両総裁書」の検討

さて、安見氏とは異なつた観点からこれらの問題に迫つたのが松本丘氏の「栗山潜鋒『倭史後編』編纂の目的」（『神道宗教』一五四号所載、後『尚仁親王と栗山潜鋒』収録）である。ここでは、安見氏への批判点すなはち松本氏のいふ「未だ再考を要する部分」を中心に検討を加へてみよう。

松本氏の主張は「寄泉竹軒佐竹暉両総裁書」（以下安積書簡といふ。『続々群書類従』所収文には誤植がみられるため引用は甘雨亭叢書所収文による）に拠るところが大きく、その概要は三点とならう。第一に『倭史後編』が三巻を以て完結するとは潜鋒自らが見てゐなかつたこと、第二に『大日本史』完成の為とすればそれ相応の書名が付されて然るべきであること、第三に南朝終焉の叙述といふことに関しては、末尾が畠山家の後継をめぐる争ひであり些か唐突の感を否み得ない、とされたことである。第一と第二に関しては安積書簡に拠る立論であるから少しくこれを検討してみよう。

まづ、この安積書簡はどのやうな性格を有するものであらうか。冒頭に述べるところは『大日本史』紀伝清書本を義公の廟前に供へ、そして翌年粛公綱條は志と続編の編集を酒泉・佐治両総裁に許可したことをふまへていよいよ『倭史後編』について及ぶのである。まづは、

往年、潜鋒栗子、編摩の暇、私に諸家の記載を閲して、後小松・称光・後花園三帝紀を作り、名づけて倭史後編と曰ふ。以て僕に示して曰く、請ふ我が為に刪正せよと。僕熟読玩味、其の考索の精、力を用ふるの勤を歎じ、他日其の全書を見むことを約して之を還す。数月ならずして、栗子疾に罹りて起たず。後嗣未だ定まらず。僕其の散軼を懼れ、親故に託して之を取り、諸を匱に蔵する者、年あり。

と述べる部分であるが、ここからは『倭史後編』が後小松・称光・後花園三帝紀を叙し、その刪正を依頼されたが、返却したこと、潜鋒が亡くなつたので、その散逸を懼れて手元に置き数年が経過したこと、などが知られる。安積は手元に引き取つてゐた『倭史後編』を続編編集が裁可されたのを機会に両総裁に送つたわけである。潜鋒は宝永三年に没してゐるから、直ちに「親故に託して之を取」つたとすれば享保元年まで十年、それが「年あり」といふことになる。

続いて、書法が「本紀之体」に倣つてゐることを指摘し、執筆の意図を探つて次のやうに述べる。

其の志、将に帝紀は後奈良・正親町の朝に至り、将軍は義輝・義昭に至り、以て室町の盛衰を究めむと欲す。而して衍後陽成の朝に至り、以て信長・秀吉の興廃を叙せむと欲するも、亦未だ知

るべからざるなり。不幸にして蚤世、書成るに及ばず。其のわずかに成る者も亦未だ稿を脱するに及ばず。

実はこの箇所が問題なのである。ここにいふ「志」は正しく潜鋒の志なのか、といふことである。もしさうだとしたら松本氏の見解は首肯できるし、ひいては鈴木氏の主張にも根拠があるといふことにならう。ただ、私には必ずしもこれまでの引用部分のみでは『倭史後編』が未完の書物とは断言できないやうに思はれる。先に引いた箇所の「他日其の全書を見む」とはどういふことなのか。これが直ちに未完を意味するのであらうか。「不幸にして蚤世」したから未完なのであらうか。少なくとも、潜鋒自ら未完とは述べてゐないのであるから安見氏の見方は依然として成立するやうに思はれる。

第二の書名の問題に関しては、確かに安積書簡からは『倭史後編』といふ書名は潜鋒に拠ると考へられるのであるが（絶対的ではないけれども）、だからといつて「『大日本史』が記さなかつた室町時代の歴史を叙せんとする意志」の存在の証左となるのであらうか。実は私も書名については疑問を抱いてゐる。それは、果たして後編が『大日本史』の後を意味するのか、といふことであるが、さういふ解釈も全く成り立たないわけではないと思はれる。ただ、それは推測であつて潜鋒自身は何も述べてゐないが、後編といふ名称にこだわると何の後編なのか、あるいは前編があるのか、といつた疑問を打ち消すことができない。松本氏は『大日本史』完成の為の資料ならばそれ相応の書名があつて然るべきではないか、と述べられてゐるが、あるいはさうかもしれない。書名に関しては『保建大記』

のやうに明瞭ではないからこれ以上は推測に止まらざるをえない。やや飛躍にすぎるかもしれないが、『保建大記』に比して後編なのか（私はこれは十分考慮に値するのではないかと考へてゐるが）、あるいは単に明徳三年から書き出されてゐることが理由なのかもしれない。いづれにしても、ここでは書名に大きな意味を求めなくてもよいのではないかと思ふ。

第三は安積書簡と直接に関係しないが、『倭史後編』終末の叙述に関してである。松本氏は巻之三は寛正元年三月で楠氏の記事は終了するにもかかはらず記述が翌年正月二日まで及んでゐることを指摘し、「この義就・政長による畠山家の後嗣をめぐる争ひは、山名宗全・細川勝元を巻き込んで、いよいよ五年後の応仁の大乱へと発展することとなれば、この河内に於ける局地戦の中途を以て巻が閉ぢられてゐるのは、些か唐突の感を否み得ない。」とされる。そのやうな見方も可能ではあるけれども、果たしてこれがさらに後の記述につながらねばならないのであらうか。しひていへば主観的な見方にすぎないともいへるから必ずしも絶対的な根拠ではないやうに思はれる。

さらに松本氏の主張で重要なのは、執筆の目的が恭伯世子吉孚の意をうけその修徳書として編まれたことにあるとされた点である。これは『保建大記』の例からして検討を要する視点ではある。ただ、根拠は先に引いた「続編議・樸斎正議」末尾の断片のみであり、若干の疑問がある。例へば、「近代」に『倭史後編』の三代が含まれるのか、『倭史後編』が書かれたのは恭伯世子の傳になる前か後か、「私ニ」編集されたとすれば「私」をどう理解するのか、安積に批評を求めたにもかかはらず恭伯世子にふれてゐないのは何故か、等々である。

先に私が安見氏の主張が傾聴に値するといつたのは、『保建大記』や『倭史後編』が『大日本史』と全く関係がないとみることには躊躇を覚えるからである。

ともかくも、この安積書簡には安積の『倭史後編』に対する理解が示されてゐるのである。しかし、それはあくまでも推測に過ぎないといへるが、少なくとも続編を認め、その資料として提供してゐるのであるから、前提からして必ずしも潜鋒の真意を捉へてゐるとはいひがたいやうに思はれる。それは先にも述べたやうに元来『倭史後編』が続編計画以前に執筆されてゐるからである。

享保元年二月七日付の安積宛書簡（差出人は右両人すなわち佐治・酒泉総裁）に、

栗山源介先年私ニ編集被致候倭史後編草稿三巻御書簡添被遣今日於館相達候如仰続編々集被仰出候節一入益ニ可相成書ニ而御さ候（『茨城県史料』近世思想編三一四頁）

とみえるところからすれば、安積書簡はこれより先の発信といふことにならう。ここでもやはり、佐治・酒泉両総裁は私的な著述として位置づけ、続編の資料として捉へてゐることが窺はれる。

七　『倭史後編』問題の帰結

以上の安見氏や松本氏の主張をふまへて再度鈴木氏の論点を検討してみよう。鈴木氏の根拠を端的にいふと「こうした儒教の合理主義的な社会観ないし歴史認識を共通に抱いていた」とする点にあり、その実証的説明には欠けてゐる。ただ、註の補足説明では巧みな論を展開されてゐる。鈴木氏は先に私も引用した「続編議・樸斎正議」の末尾にみえる断片を引いた後に、

栗山が『倭史後編』を執筆した時点ではまだ続編計画は起こっていなかったのであるから、『大日本史』の続編としてこれを執筆したわけではないこと、もちろんである。しかし、続編計画が立てられたあとからみれば、これが結果的に続編の「発端」になったといっても、あながち見当外れともいえないであろう。

と述べ、

この時点でも（梶山註、吉孚が没した宝永六年）既述のごとく続編計画はまだ立っていなかったのであるから、「近代之事」を「仮名書に成とも先仕立」るこの目論見を続編計画と直接に結びつけることはできない。ただこれも、『倭史後編』の場合と同様、続編計画が具体化したあとから、しかも酒泉らの身に即してみるならば、その「発端」となったように考えたとしてもさして不自然ではないと思われる。（前掲書七三頁）

とされる。ここで注目すべきことは、鈴木氏自らは『倭史後編』の執筆を続編と結びつけてゐないことである。結びつけたのは酒泉や佐治等であつて、彼らの立場からみれば続編の発端と考へられるといふのである。酒泉や佐治らからみればさうであらうと思はれるから、鈴木氏の理解は首肯できるのであるが、問題は彼らの見方が義公の意思に叶ふかどうかであらう。すでにみたやうに、それは必ず

しも義公の意思に叶ふとはいひがたいのであるから、そのことを鈴木氏がどのやうに解釈されてゐるか、が次の問題となる。

鈴木氏の見解は本節の冒頭にも引用したが、さらに尾藤正英氏の論によつて、

> 光圀時代の『大日本史』が儒教の歴史観に依拠して構想され叙述されたことは中国の正史の体裁である紀伝体を採った以上当然であり、既述の、続編計画の進行に即してみても、これはまことに正当な指摘であった。（前掲書六七頁）

と述べ、先に引いた註の部分では『倭史後編』と続編との直接関係を認めなかつたにもかかはらず「儒教の歴史観」なるものによつて続編計画の必然性を認め、『倭史後編』に続編としての性格をみてゐるのである。このやうな鈴木氏の見解は『倭史後編』自体の叙述といふよりも水戸学における儒教的歴史観の問題として観念的に論ぜられてゐるやうに思はれる。それは著者である栗山潜鋒の歴史観には何らふれるところがないからでもある。

以上、『倭史後編』そのものの叙述内容から安見氏の主張を検証し、さらに松本氏の論点にも及んで続編問題を考へてきたが、歴史観といふ観念的な論はともかくとして叙述の上からは続編と直接に結び付く要素は認めがたいといふのが本論の帰結である。それは安見氏や松本氏の論を基本的には追認するものとなるが（ただ、両氏の目的に関する相違点についてはなほ検討を要する。特に『倭史後編』に込められた目的が達成されてゐるか、達成されてゐないかといふことであるが、換言すれば前

者は目的を達成してゐるから一応完成とし、後者は著者早世のために未完とするといふことの問題でもある）、また儒教的歴史観の問題は影響（鈴木氏のいはれる「当然」であるかどうか）の当否も含めて別途に考へなければならない重要な問題であると思ふ。

補註

瀬谷義彦茨城大学名誉教授の最近の論考に「『大日本史』と後南朝」（『常総の歴史』第二十八号所載、平成十四年十二月刊）があるが、特に注目を引く中心部分は滝川政次郎博士の『大日本史』や義公光圀批判に対して反駁されてゐる箇所である。論文の末尾で、「後南朝の記事が『大日本史』の本紀に、それも後小松紀ではなく、後亀山紀の末尾に記されている点について」その意義を考察し、三点を列挙されてゐる。第一は光圀が後南朝の歴史を無視したわけではなく要約記事があるから滝川博士の批判が必ずしも当たらないといふこと、第二は天和三年の「御意覚書」にみえる「後小松以後の事にても紀伝に入れ申すべき」といふ指示があるから後南朝の記事はそれに従つたものであり、批判を退けること、第三に後南朝の記事は『大日本史』の神器正統論を堅持するために絶対必要な叙述だつたこと、がそれである。

さらに光圀の態度を一般的叙述によつて敷衍したのが栗山潜鋒であるとされ、次のやうに述べられてゐる。

> 栗山潜鋒は厳正な名分論を以て知られる山崎闇斎学派の若き学徒で、その著『保建大記』は彼の学説を世に弘めた史書である。そして多くの史臣の反対を押し切って神器正統論を掲げ、南朝正統に徹した光圀の最も良き理解者であったと考えられる。その潜鋒の著『倭史後篇』（安中城主板倉勝明編『甘雨

亭叢書』に収められている）には、南北合一後両統互に天皇をたてるという合一時の約束を、将軍足利義満が破ったことを、後亀山帝を欺いたとしながらも、その約束の実行を迫る形をとった旧南朝の後裔を擁して神器奪取を実行した者達を「賊」と呼んで、その行動を正当と認めていない。前記『大日本史』後亀山紀末尾の後南朝の記事には「禁闕の変」を起した者達を賊とは書いていない。これは『大日本史』の手法であるが、『倭史後篇《ママ》』の賊呼称などによって、『大日本史』と後南朝の問題は、明らかに補強されたといってよいであろう。
（傍線は梶山、九頁）

ところで、安見氏前掲論文の「をはりに」の前半部に左の記述がみられる。

潜鋒はかって『保建大記』を著し、その中で、神器正統論を以て、保元の乱に判断を下した。そして南北両朝に分れるに及んで、再び神器のある所を以て南朝を正統としたのである。そして明徳三年南北朝合一の和議成るに及んで、後小松天皇に正統が帰するとした。しかるに嘉吉三年九月、南帝の裔、禁中に乱入して神璽を奪って吉野に潜行した。潜鋒は大義の上からこれを吉野の賊徒と呼んだ。しかし、その神璽の動向には重大な関心を寄せざるを得ない。やがて長禄二年七月吉野の民に説いて神璽が京都に還った。これが『倭史後編』の後花園天皇の中途まで編纂せざるを得なかった理由であった。（一五三頁）

要するに、安見氏は瀬谷教授がいはれる後南朝の記事について言及されたといふことであり、『倭史後編』が「南北朝の終焉を叙述するため」に書かれたといふ観点に再び注目せざるをえないと思ふ。傍線部は『大日本史』と『倭史後編』の密接な関係を示して余りあるのであり、それは安見氏の主張を「補強」するものともなり得るであらう。

第四章　水戸学の歴史思想

——儒教的歴史観をめぐつて——

はじめに

水戸学の歴史思想が儒教的歴史観によつてゐるといふのはほとんど自明のことのやうである。ここでいふ水戸学とは『大日本史』およびその編纂における基本的な立場あるいは思想のことをいふが、そこに儒教的なものがどのやうにかかはつてゐるかといふことを検討してみようとするのが本章の目的である。この検討に当たつて、まづ左の諸論文を取り上げ、それぞれの関連を探ることから始めたいと思ふ。

A尾藤正英氏「日本における歴史意識の発展」岩波版『日本歴史』22別巻1（昭和三十九年）
B尾藤正英氏「大日本史の思想」『水戸市史』中巻㈠（昭和四十三年）
C尾藤正英氏「歴史思想」『日本文化と中国』中国文化叢書10（昭和四十三年）
D尾藤正英氏「新井白石の歴史思想」日本思想大系『新井白石』（昭和五十年）
E松本三之介氏「近世における歴史叙述とその思想」日本思想大系『近世史論集』（昭和四十九年）

F鈴木暎一氏「『大日本史』とその歴史観」『水戸藩学問・教育史の研究』（昭和六十二年）
G鈴木暎一氏「『大日本史』の続編計画をめぐって」『水戸藩学問・教育史の研究』
H飯田瑞穂氏「再び鈴木暎一氏「『大日本史』の続編計画をめぐって」吹毛」『飯田瑞穂著作集』2（平成十二年）

一　儒教的歴史観とは何か

儒教的歴史観から確認してみよう。もつとも早いAでは、江戸時代になつて徳川光圀はじめ山鹿素行や新井白石の出現によつて「儒教的歴史観にもとづく日本の歴史の解釈は、しだいに整備された形をとることとなった。」（五〇頁）とし、さらに白石の『古史通』から「史は実に拠て事を記して世の鑑戒を示すものなり」と引いて「この道徳的理念にもとづく歴史像の構成は、歴史事実の正確なる認識と矛盾すべき性質のものとは考えられていなかった」（五三頁）とされる。Dでは小島祐馬氏の『中国の革命思想』によつてより詳しく解説されてゐる。

儒家の思想では、有徳者が天命を受けて君主となることは、天命が革《あらた》まり、王家の姓が易《かわ》るという意味で、易姓革命とよばれるが、道徳の理法によって人間の運命ならびに人間社会の動向が支配されるとみる立場からすれば、不徳な君主がその地位を失って、有徳な者がこれに代るのは当然であるから、革命は是認さるべきものと考えられ、……易姓革命を是認し、革命王朝としての周の成立を正当視する立場を基本とするのが、儒家の歴史思想であった。……一般に人間社会に生起した歴史の真相を、隠蔽したり歪曲したりすることなく、ありのままに記述すれば、歴史の動きの必然性や因果関係が明らかになって、歴史を支配する道徳の理法が認識され、教訓に役立つ、とみるのが、「事実」とその「直書」とを重んじてきた儒家の思想家たちの信念であり、それが白石の信念でもあった。（五五八頁）

ここは白石の思想についてであるが、それは儒教的歴史観そのものといってよい。またFでも「人間の運命は道徳の理法によって支配されているとみる儒教の歴史観」（二八頁）と述べられてをり、おほかた儒教的歴史観の意味を窺ふことができる。

水戸の儒教的歴史観を考へる場合に必ずといってよいほど取り上げられるのは『大日本史』の序文である。たとへば、次の一節に注目してみよう。

史は事を記する所以なり。事に拠りて直書すれば勧懲自ら見はる。上世今にいたるまで、風俗の醇堯、政理の隆替、炤炤然として諸を掌にみるが如くし、善は以て法と為すべく、悪は以て戒と為すべし。而して乱賊の徒をして懼るる所を知らしめ、将に以て世教に裨益し、綱常を維持せんとす。文は直ならざるべからず。事は核ならざるべからず。如し出入左右する所あらば則ち豈に之を信史と謂ふべけんや。（原漢文）

Bにもみえてゐる通り、ここは明らかに勧善懲悪的な鑑戒を史に求めてゐるとすることができよう。

問題はこの儒教的歴史観と水戸学の思想、すなはち『大日本史』の続編や時代区分の問題とのかかはりなのである。AからHの論点（HはGの批判論文である）は多かれ少なかれこの問題とかかはつてゐるから、次にはそのかかはりを整理し問題点を指摘してみよう。

二　儒教的歴史観とのかかはり

続編と時代区分の問題は不可分の関係にあるが、それは歴史観の変容の問題と併せてさらに大きな問題を含んでゐるのである。続編問題は時代区分とのからみを除外することができないから、まづ時代区分の問題から考へてみよう。Fの述べるところは、

> 史臣は当時、「上古一宇宙」「官服斉整一宇宙」「藤氏専権一宇宙」「頼朝開府已来摩訶大変一宇宙」（傍点引用者）とする時代区分意識を抱いていた。（三一頁）

であるが、これは確かに「往復書案」にみえて議論となつてゐたことが窺はれる。ただ、これのみでは「頼朝開府已来摩訶大変一宇宙」がいつまで続くのか明らかではないから南朝の滅亡の時期で区分できるかどうかは分からないはずである。Cの次のやうな議論は必ずしも「往復書案」を念頭においた訳ではないのかもしれないが、Fがふまへたものであつたからよくよく検討されねばならないこととならう。

このため編纂の初期の方針には、しだいに変更が加えられる必要を生じた。明徳三年を下限と

定められていた時代区分が修正されて、既に光圀の生前に後小松天皇紀を立てることが決定された。これは南北朝合一後には北朝の天皇を正統と認める趣旨であって、この考え方を延長すれば、江戸時代の朝廷も正統とみなされることとなる。ただこの立場をとるならば、以後の北朝の時代の歴史もつづけて記述するのが、当然である（実際にもこのころ続編の計画が立てられたが、実現をみるにいたらなかった）から、後小松天皇までで記述を終わることにした理由が明らかでなく、時代区分の意味が不明瞭になった。これは後小松紀を立てたことが、一種の折衷形式であったためにほかならない。（一九八頁。原文は横書き）

「明徳三年を下限と定められていた時代区分」といふのは筆者尾藤氏の理解であつて、直接に「頼朝開府已来摩訶大変一宇宙」とは何の関係もない。いふまでもなく明徳三年に筆をおくといふのは『大日本史』編纂の過程の中のことではあるけれども、それが後小松天皇まで叙述することになつたのが時代区分の変更なのであらうか。少なくとも、史臣の時代区分意識からみる限り明らかとはいへないのである。「南北朝合一後には北朝の天皇を正統と認める趣旨」といふのも、もともと義公光圀の意向は南北朝の「正閏」にあるので、後小松天皇以後を問題にしてゐるわけではない。だから、「延長すれば」といふのは仮定の議論であつて実証ではないが、「江戸時代の朝廷」はもともと閏ではないのであるから「正統とみなされる」といふのはおかしな議論といはざるをえない。また、「以後の北朝の時代の歴史もつづけて記述するのが、当然である」といふのも何故に当然なのか根拠が明確ではない。したがつて、不確定な議論にさらに不確定な議論を積み重ねてゐるにすぎないであらう。「時代区分の意味が不明瞭になった」といふのも尾藤氏が捉へてゐる時代区分と史臣の時代区分が同じとはいへないから「後小松天皇までで記述を終わることにした理由が明らかでなく」といっても、明らかでないかどうかの判断を軽々に下すことはできない。尾藤氏自らはその理由を「一種の折衷形式であったため」と解されたにすぎないのである。

この議論に一応の疑問を投げかけたのが鈴木氏のGであつた。GではCのこの箇所を「正当な指摘であった」（六七頁）とし、

ただ、続編計画に関していえば、「頼朝已来之国体中華ニ曾而無之」とみる限りこれが「一種の折衷形式」にならざるをえないことは確かとしても、これによって、南北朝時代で叙述を打ち切った「時代区分の意味が不明瞭になった」とはいえないように思われる。（六七頁）

とされる。ところが、その後に続けて、

当時の朝廷の公式見解を採らず、南朝を正統に立てた光圀といえども、南北朝合一後は北朝系の天皇が正統であり、それが当代まで継続して幕府・諸大名の官位授与者になっている事実を否定したわけではない。それどころか、光圀にとって朝廷が尊崇の対象であったことは周知のところである。（六七頁）

と述べられるのである。「北朝系の天皇が正統」といふのは先のCと同じであり、いはずもがなのこ

とであらう。確かに光圀は官位を尊重し、朝廷を尊崇したことは鈴木氏のいはれる通りであるが、不可解なのは尾藤氏への批判の根拠である。批判であるから時代区分の意味が不明瞭ではないといふことになるはずであるが、いづれにしても両氏とも続編の計画を自明（光圀にその意思が認められるとした点において）のこととしてゐるのであるから「続編計画に関して」としても明確な相違はないと思はれる。だから、その後に光圀の朝廷尊崇を述べても批判の理由とはなりえないのではあるまいか。

次の問題は道徳の理法に関してであるが、Ｆには藤田派による「論賛」削除について「天皇といえども、天意に基づく道徳の理法から自由ではないと考えられていた儒教の歴史観は、ここに大きな変容をとげることとなったのである。」（三六頁）とみえる。この言及の前には「論賛」削除が光圀の意志に反するといひ、

　高橋らがこの論（梶山註、論賛削除のこと）を唱えたのは、前期の編纂を支えてきた儒教の歴史観を放擲し、「百王一姓」のもとでのわが国固有の国家制度のあり方とその変遷に関心を集中するとともに、天皇を道徳的批判の対象から除外してこれを絶対視し、……　（三五頁）

とも述べられてゐる。このやうな主張はＧにもみえるが（六八頁）、これに対して飯田氏はＨにおいて鈴木氏の著書（前掲書前編第五章）の左の一節、

　「人君」に対しても、その高い政治上の地位にふさわしい強い自覚を要請している点が注目される。天皇に対してさえその政治的立場にかなった敬神・尚武・仁・智の道徳の実践が求められている

ことは、既述のとおりであって（註略）、天皇といえども皇祖神の遺訓から自由ではありえなかった。（一一七頁一二行）

を引いて、「天皇といへども「道徳の実践」を求められ、道徳の理法に支配される存在であるとされてゐることに変りはない。」（三四九頁）とし「儒教の歴史観」の対立はなかつたと批判されてゐる。鈴木氏が「その高い政治上の地位にふさわしい強い自覚を要請している」といはれるのは藤田東湖の『弘道館記述義』についてであるから、明らかに「天皇を道徳的批判の対象から除外」してはゐないのである。それは氏自ら「皇祖神の遺訓から自由ではありえなかった」と述べられるのであるから、天皇といへども「道徳の理法」から逃れることができなかつたとすべきことは当然の帰結である。

三　革命論の問題

さて、次にはＤの「易姓革命を是認し、革命王朝としての周の成立を正当視する立場を基本とするのが、儒家の歴史思想であった。」を取り上げてみよう。確かに孟子にみられるやうに儒家には革命思想があるけれどもそのまま水戸学の思想にあてはまるかどうかは慎重に検討されねばならない問題である。『大日本史』序文にみえるやうに明らかに水戸学には儒教思想が色濃く反映されてゐるが、その本質を問題とせねばならない。すなはち革命論である。Ｆには次のやうにみえてゐる。

ここには、「頼朝開府已来」、実質的には一種の「革命」（武将革命）が進行して古代王朝政権が衰退し、かわって武家政権が伸長する過程としてとらえる歴史観があるわけで、それはやはり基本的に中国の伝統的な観念に依拠する歴史解釈であったといえよう。（三二頁）

この箇所に対する批判は飯田氏のHにみられ、私も先に言及したことがあるので繰り返さないが（拙著『大日本史と扶桑拾葉集』付章）、果たして「武将革命」のやうな用語に革命の本質的意味が認められるのであらうか、疑問としなければならない。革命に関しては賛否は別にしてもDの左の一節は注目してよいと思ふ。

しかしこの正名思想は、易姓革命を是認する儒家の立場から唱えられたものであったから、特定の人や家系に与えられた君主としての「名」を、永続的に絶対視しようとするものではなかった。君主としての資格を失った者からは、君主の「名」も剥奪される。周の武王が殷の紂王を伐ったのは、臣として君を弑したことになるのではないか、と問われた孟子が、紂王は仁義の道徳に反した「残賊の人」であり、従って天下の民衆から見放された「一夫」にすぎないとして、「一夫」である紂を誅伐したと聞いているが、「君」を弑したとは聞いていない、と述べた（『孟子』梁恵王下篇）のは、紂王に「君」ではなく「一夫」の「名」を与えて、武王による革命を正当化しようとする趣旨であった。（五六二～五六三頁）

ここまでは特に問題はないが、問題なのはこの後に続けて、

この点で儒家の正名思想は、江戸末期の日本で形づくられたいわゆる名分論ないし大義名分論に

おいて、既成の君臣関係を絶対視すべきことが主張されたような考え方とは、区別されなくてはならない。（五六三頁）

とみえることである。一般的な儒家はさうだつたかも知れないが、もし江戸末期が水戸の思想を指してゐるのならば誤りである（もつとも「この正名思想」といふのは『大日本史』の三大特筆に関連してゐるから水戸の思想のはずであるが）。なぜなら栗山潜鋒の『保建大記』下に「故に君を立つるは必ず一種に定めて、君臣の分、厳なり」とみえ、『論語』顔淵編の「君君たり、臣臣たり」の考へ方を表明してゐたからであり、義公自ら同様の考へ方を示してゐたからでもある。義公は綱條への遺訓に「君は以て君たらずと雖も、臣は臣たらざるべからず」（『常山文集』巻十五）と述べてゐるが、これは末期に限らず前期からすでに君臣関係の重大さを述べたものといへよう。換言すれば「絶対視」といつてもよく、「君君たり、臣臣たり」よりも君臣関係はより絶対的である。したがつて、水戸の思想には一貫したものが確認できるとしなければならないであらう。

さらに考察を深めなければならないのは水戸学に「易姓革命を是認する儒家の立場」が認められるかどうかについてである。そこでＥの次の箇所に注目しよう。

『賛藪』で「祖宗の邦」（仁徳天皇紀の賛）とか「天下は祖宗の天下なり」（嵯峨天皇紀の賛）という表現が出てくるのも、そのことと無関係ではないだろうし、またいわゆる「隠逸の士」が、異国ではともかく、「神裔相承」のわが国においては、賞讃に値いするものとはなりえないとする見解が生まれるのもそのためである。例えば、「隠逸伝の賛」で、「異邦、革命の世には、或は、二世に事ふるを恥ぢて、其の事を高尚にする者有り。史伝、之を美とす。皇朝、神裔相承け、万世易《かわ》らざれば、隠逸の士は、称するに足らざる者に似たり」と述べているのはそれである。また源顕基が後一条天皇の崩御後、辞職して隠遁したことを挙げて、「『忠臣は二君に事へず』を以て言と為すは、則ち異姓革命の謂にして、紹襲《しょうしゅう》の世に施す可からず。其の義乖《そむ》けり」（隠逸伝の賛）と批判しているのも同様である。このように徳の支配にもかかわらず易姓革命が否定され、「神裔相承、万世不易」それ自体が当為とされる。だからこそ、議論の焦点はおのずから「皇統の正閏」という「皇統」の受け継ぎ方の問題に向う結果となるし、『大日本史』の「三大特筆」もその点の評価をめぐって生まれることとなる。

（五九一頁、傍線は梶山）

この松本氏の指摘は重要である。儒教的歴史観は易姓革命を認めてゐるが、水戸学の思想にはさうではない部分があるといふのであり、この引用の直前にも「天皇支配は、単に徳の支配の一つの歴史的形態であって他の有徳者支配と同じ次元に並ぶものとは必ずしも考えられておらず」（同頁）と述べられてゐる。要するに孟子流の易姓革命の理論を我が国の歴史把握に取り入れたのではないといふことである。しばしば問題とされる「論賛」（松本氏の賛藪）ではあるが革命論に関する限り否定されてゐるのであつて、天皇の地位が他の有徳者などとの同一次元でないからこそ皇統が絶対であり、なほかつその序（順序）が重要視されたのである。先に引いた『保建大記』の一節はそれを示すものといつてよいであらう。

四　時代区分の問題

先にもFから引用したが、改めて史臣の時代区分意識を確認してみよう。「往復書案」の一節には左のやうにある。

此方ニ而も去冬より加詮議上古一宇宙官服斉整一宇宙藤氏専権一宇宙頼朝開府已来摩訶大変一宇宙如此ニ候へハ部分も差別可有之歟　（『茨城県史料』近世思想編四二頁、以下『県史料』と略記）

これは大井と安積の連名で中村・酒泉宛の一節で宝永六年（七月十五日付）のものと推察される。「去冬」とみえるところからすれば前年から部分けに関連して時代区分が論議されたのであらう。酒泉・中村から安積宛の十一月廿二日付には「先頃申進候宇宙之論尤ニ思召候由得其意今程部分ケ上古官服両宇宙之間ニ而候由存之外はかとり申候御精力察入候」とか「藤氏執権宇宙」（以上『県史料』五〇頁）とみえ、安積の同廿九日付にも「頼朝以来之宇宙」とかみえてゐるから、このころは盛んに使用されてゐたと思はれる。ところが、先の引用部分でも同様であるが、廿九日付によつても依然として時代区分そのものの論議ではなく部分けのための時代区分として使はれてゐるのである。それは「頼朝以来之宇宙」の箇所では将軍伝に及んで「如仰ケ様ニ部立無之候而は頼朝以来之宇宙何ともすまぬものニ御座候此方とても左様之儀ニ園衛門具ニ察見部分之議なり申事ニ御座候此以後被思召寄候事共不及申追々幾度も可被仰聞候部分局へ何分にも可申談候」（『県史料』一五四頁）とみえることからも知られるのである。さうしてみると、この時代区分そのものに儒教的歴史観をみることはできず直接のかかはりを除外することができようし、また「宇宙」の意味するところが「時代」であることは容易に理解されよう。

以上のやうな認識のもとに続編問題を考へてみよう。ここでは栗山潜鋒の『倭史後編』が果たして儒教の歴史観に依拠する著述であるかどうかといふ点にのみ目を向けるが、たとへばGの次のやうな記述が対象となる。

続編計画を推進した当時の史臣の間には、「頼朝開府已来摩訶大変一宇宙」以後は、「武将革命」が進行し、南朝の滅亡によってそれが完成したものとみ、武家政治は、またその内部で政権の交替が行われて当代に至っている、とする点で、共通の認識が形成されていたと考えられる。それ故、南北朝合一後の歴史は、まさに「続編」であってこそふさわしいのである。この意味において、儒教の歴史観に依拠する精神はなおかなり根強く存在していたというべきであろう。（六八頁）

武家政治の内部に政権交代があつたのは事実であり、『読史余論』も政権交代によつて時代区分をしたほどである。これに異存はないが、問題は「頼朝開府已来摩訶大変一宇宙」以後に「武将革命」が進行し、それが共通認識だつたのかどうか、である。いふまでもなく「頼朝開府已来摩訶大変一宇宙」が武家政権を指すのは明らかであるが、この武家政権の取り扱ひに苦慮した結果が将軍伝となる訳である。鈴木氏も注目されてゐるやうに「摩訶大変一宇宙」（傍点は鈴木氏）といつてゐるのはそれまでの三つの宇宙よりも大きな変革であるとの認識のはずであらう。「摩訶」が摩訶不思議などの用例から知られるやうに強調の意味を含むからである。Gの記述は「頼朝開府已来摩訶大変一宇宙」が終はつて「武将革命」が進行したと解釈すべきであらうから（すなはち「武将革命」によつて「頼朝開府已来摩訶大変一宇宙」が終了したの意で南朝の滅亡までを含む。四つの時代区分を括弧で括つてゐるのはそのためであらう。さうでなければ、頼朝によつて「武将革命」が起つたと解釈するほかなく「武将革命」の時代は即「頼朝開府已来摩訶大変一宇宙」といふことになり、飯田氏Hが指摘してゐるやうに二百年もの間革命が続いてゐることとなつてしまひ、「宇宙」の意味がますます不明瞭にならう）、Cの次の記述との整合性はどのやうに解釈すればよいのであらうか。

> 要するに『大日本史』の本来の構想は、白石と同様に、儒教の歴史思想にもとづいて、「武将革命」以前に存在した古代王朝の歴史を編纂しようとする意図にもとづくものであつたと考えられる。
>
> （一九七頁）

右にいふ「以前に存在した古代王朝」が「頼朝開府已来摩訶大変一宇宙」を含めてゐるのか、「頼朝開府」以前なのか、といふ問題がある。尾藤氏は前者の意で使はれてゐるのであらうが、いづれにしても「古代王朝」といふ概念は頼朝以前が三区分であるから疑問としなければならないし、ましてや「古代王朝」といふ言葉自体史臣が使用したわけではない。さうすると、GとCでは時期区分にずれが生ずることにならざるをえない。これを一体どのやうに解釈すればよいのか。

そこで「革命論の問題」に引いたFの記述を再び思ひ起こしてみよう。「実質的には一種の「革命」（武将革命）が進行して古代王朝政権が衰退し、かわって武家政権が伸長する」と述べてゐるが、これこそ時代区分が「不明瞭」であり「一種の折衷形式」といはざるをえないのである。このやうなあいまいな把握が儒教の歴史思想なのであらうか。ある意味で儒教は合理的な思想ではないのか。先にもふれたやうに史臣の時代区分は室町時代にまで及んでゐる訳ではない。したがつて、『倭史後編』の成立を儒教的歴史観（特に時代区分論）によつて説明しようといふのは無理であり、もともと何の関係もないのである。

をはりに

以上、A～DとF・Gの論理上の矛盾に言及したのであるが、私は儒教の歴史観に革命思想が存在すると思ふし、江戸時代の思想史上にもその影響が認められることを否定はしない。しかしながら、水戸学の思想に儒教的革命思想が存在するとは思はないし、存在するはずがない。それどころか逆に革命否定の思想が本質だと思ふ。さうでなければ「武王簒弑の議まぬかれがたし」（「西山随筆」儒学の項）といふ義公光圀の思想は理解しえないであらう。「頼朝以来之国体」（『県史料』二五三頁）といふのは「頼朝開府已来摩訶大変一宇宙」と全く同じであり、幕府体制のことである。この幕府体制がそれまでのいはゆる「古代王朝」とは一線を画すものであることは澹泊もしばしば述べ、紀伝にもみえてゐるから、水戸史学の一致した見解である。しかしながら、南北朝合一が「古代王朝」の滅亡を示してゐるといふのも、頼朝以前が三区分されてゐるのであるから一括するのは困難である。もしGのごとくに「頼朝開府已来摩訶大変一宇宙」で区分して後の続編をいふのであれば、それ以前の三区分も重視しなければならないだらう。史臣が四区分をしたのであつて、先の三区分と「頼朝開府已来」の一区分、すなはち三対一の区分ではないからである。確かにシナと同様に前王朝の歴史を編纂するといふのは儒教的歴史観によるけれども、問題はそのままの形で儒教的歴史観を水戸学派が導入したのではないといふことである。澹泊の「武将革命」が文字通りの革命を意味するものでないことはすでにふれたが、その澹泊でさへシナの革命と異なる認識は明確に持つてゐたのである。

いづれにしても『大日本史』が儒教的歴史観によつてその構想を立てたことはその通りであるが、全く同一ではなく我が国の歴史の実状に合はせて変更してゐることを認めねばならない。敢へていへば、儒教的な歴史観の中に非儒教的なものを認めてゐるといふことにほかならない。それは単なる変更・変化ではなく史臣の論議を十分にふまへた結果であり、この結果に注目するとき水戸学の歴史思想は自づからその本質を表すに違ひない。

第五章 「水戸学」の連続性について

——前後期「断絶」論批判——

はじめに

いはゆる「水戸学」については、今日様々な議論があるけれども一口にいふことは困難である。近年は従来の見解を否定し、恣意的な見方が横行してゐるやうである。特に昭和四十年代の終はりごろから登場した徂徠学の影響を強調する議論は、「水戸学」の前期と後期の「断絶」を主張するものであつた。本章では徂徠学の影響をふまへつつもそれとは異なつた観点から「断絶」論を唱へた野口武彦氏の所論を取り上げ、その検討を通じて「断絶」論を批判してみたいと思ふ。もとより浅学非才をもつてしては九牛の一毛に等しいではあらうけれども、若干の関心を寄せてきたものとして自らの捉へ方を披瀝して大方のご叱正を得たい。

一 「水戸学」とは

まづは、「水戸学」の捉へ方の代表的見解を確認するところから始めよう。昭和十八年に刊行された菊池謙二郎氏の『水戸学論藪』は戦前戦中を通じてもつともすぐれた「水戸学」論の一つであることは衆目の一致するところであらう。冒頭に収められた「水戸学の意義」といふ一文は次のやうに書き出されてゐる。

　水戸学といふ語は二様の意義に解せらる、が如し。一は初代威公以来水戸藩に伝来し開展したる学風全般を指し、一は弘道館記に叙述せられたる教義信条を謂ふ。余の見る所を以てすれば、前説は取るべからず、水戸学といへば必ず後者なるべきを疑はず。　（一頁）

　この見解は大正六年に表明されたものであるが、菊池氏のいはれる「水戸学」はいはゆる後期のみを指すやうである。前者を広義とすれば後者は狭義といへようが、「弘道館記に叙述せられたる教義」とすれば直接には藤田幽谷の『正名論』は含まれないこととなる。『水戸学論藪』には『正名論』を主題とした論考はみえないが、前半には「弘道館記」及び述義と藤田東湖に関する論考が収められてゐるのは当然としても、義公及び修史に関するものも全体の四割強収録されてゐるのである。「水戸学」を狭義に捉へられた菊池氏でも、一方では主として義公光圀以来の学風の探究が「水戸学」の理解には不可欠であつたといふことなのであらう。換言すれば、光圀の修史事業なくして「水戸学」はありえないといふことでもあらう。これより先の昭和十六年に刊行された関山延氏編『水戸学精髄』は菊池氏も関与し序を寄せられた史料集であるが、大半は「弘道館記」をはじめとする後期の文献を中心とする。しかし、冒頭には『大日本史』関係の四つの文章を収めてゐるのである。従つて、このやうな状況をみると「水戸学」といふ語を冠する書物であれば修史事業を除くことはできないと解してもよいと思はれる。ただ、菊池氏の言説は広義・狭義とはいへるであらうが、前期・後期と分けることはできないと思はれるので、ここではその説を確認するに留めておく。

その他にも多くの「水戸学」の名称を冠した文献が刊行されてゐるが、学術的には昭和十五年の瀬谷義彦氏『水戸学の史的考察』と二十年の松本純郎氏『水戸学の源流』が重要であるから少しくふれておかう。前者では「水戸学」を前期・中期・後期とし、後期を藤田幽谷が義公精神の復活をめざしたといふ観点から考察し、それを幽谷学の発展的形成と位置付けられたのである。

後者では菊池氏の説を全く否定するものではないが、「弘道館記の文章のみを、切り離してそこに水戸学を把握すべき」(同書二頁)ことに疑問を呈されてゐる。そして、義公が「水戸学の名に相応しい研究の蓄積と立場の明確化とをなしとげて行つた」(一一頁)のであり「全くその確乎たる礎をおきえたと言つてよ」く「磐石の基礎をおいたこと」(一四頁)を断言されたのである。いづれにしても、両書では義公以来の学問を「水戸学」と捉へてゐるといふことができよう。

ところが戦後のある時期から前期と後期の「水戸学」の相違を強調し、その断絶を主張する論調が出始めた。そもそも「水戸学」とは一体何なのか。その名称にかかはる論も少なくないが、一般に水戸学派外からの名称であることは周知であり、江戸後期に至つて使用されたものである。これまで戦前戦後を通じて「水戸学」といへば水戸藩に起こつた学風をさし、それは義公の大日本史編纂事業を通じて形成され、幕末に至る学問思想をいふのである。その学風を江戸後期に他藩からの「水戸学」といふ名称を借用して呼んでゐるわけである。だからその学風をどのやうに捉へるか、捉へ方によって若干の認識に相違が出るのは止むを得ないこととも言ひえよう。たとへば『国史大辞典』の「水戸学」（執筆は鈴木暎一氏）には、

一般的には、水戸藩に生起した学問全体を指すと考えられているが、十七世紀後半から十八世紀の三十年代にかけて『大日本史』の本紀・列伝・論賛の編纂に取り組んだ前期と、十八世紀末期から幕末期にかけて、修史事業の継続のみならず、現実社会の課題解決をも目指した後期との間には、学風にかなりの差違が認められる。

とみえてゐる。しかしながら、次のやうにも述べられてゐる。

もともと水戸藩の学問の独自性が藩外から注目されるようになったのは天保年間（一八三〇―四四）以降であって、当時、これは天保学・水府の学などと呼ばれており、これらが水戸学という呼称に統一されたのは明治維新以後である。この点を考慮すれば、水戸学という語の本来の用法に基づいて狭義にとらえ、後期の学問に限定すべきであるともみられるが、ここでは通常のごとく広義に解釈して、前期をも含めて叙述することとしたい。（第十三巻三八三頁）

要するに狭義に限定すべきかもしれないが、やはり広義に解釈する必要性を認めてゐるといふことであらう。この点に関しては鈴木氏と瀬谷義彦氏との共著である『流星の如く』（平成十年）でも「水

戸学とは」の項を設けて、

水戸学といふのは、ひろい意味では、二代藩主徳川光圀が明暦《めいれき》三年（一六五九）《（ママ）》に開始し、その後二五〇年をかけて明治三十九年（一九〇六）に完成した『大日本史』編纂《へんさん》事業を遂行する過程でおこり、発展した学問全体を指す。（三二頁）

とした後に、前期と後期の差違を指摘し、狭義の「水戸学」について言及されてゐるのである。

一方で、名越時正氏は『水戸學の達成と展開』の緒論において「水戸学」を概観され、「水戸学は確かに水戸藩第二代藩主徳川光圀の学問思想から生まれた」（一三頁）とか「水戸学は光圀の時代にその直接指導のもとで形成された」（二〇頁）とか述べ、広義の意味に解されてゐる。

以上のやうに大方の捉へ方は前期を無視しては「水戸学」の説明は不可能である、あるいは不備であるといふことであらう。このやうな状況を念頭において前期と後期の「断絶」論を検討してみよう。

最初に取り上げるのは尾藤正英氏の主張である。尾藤氏の見解は諸書に述べられてゐるが、昭和四十八年に刊行された日本思想大系の『水戸学』の解説「水戸学の特質」がもつとも知られたものであらう。尾藤氏によれば朱子学から徂徠学や国学への学界の潮流が人物本位の紀伝から制度史的な志表へといふ大日本史編纂の進行過程がほぼ照応してゐるから、徂徠学や国学の影響があり、前期と後期は異なるといふのである。しかも、氏は「水戸学」の成立に徂徠学と国学の影響を無視しては考へることができないとも指摘される。ここでいふ「水戸学の成立」は後期のことであり、前期は「水戸学」

からは除外される。このことは翌四十九年刊行の日本の名著『荻生徂徠』の解説に「江戸時代前期の水戸藩の学問と後期の水戸学を区別し」（五五頁）と述べられてゐることからも明らかである。

尾藤氏が徂徠学の影響の有力な証拠とされるのは藤田幽谷の左の言である。

歴史の骨は志類にあり、熟読するときは、其世〱の長短、さもあるべしと察せらる、也。又、其世の大祖の器量も明白に知らる、也、紀伝の類、賢不肖の君臣あるは、何れの世も同じ事にて不レ珍

ここに徂徠学の影響をみて、「前期における人物中心・道徳本意の歴史思想から全く脱却し」たとし、「制度のあり方を重視する歴史観に立脚していたこと」（『水戸学』五六七頁）を指摘されたのである。確かにこの箇所に幽谷は志表の重要性を述べてゐるが、この箇所の前には筆記者である石川久徴の言に答へた部分があり、ここは師が弟子を指導する言辞であるから全体を考慮しなければならないはずである。詳細は第一章に述べたが、少なくともこの箇所のみをもつて幽谷に徂徠学の影響を直ちに認めることはできまい。ここでは以上を指摘するに止める。

二　野口武彦氏の主張とその批判（1）

さて、主題とする野口武彦氏の所論であるが、次の二著を取り上げてみよう。

①『徳川光圀』（朝日評伝選書7）昭和五十一年

② 『江戸の歴史家・歴史という名の毒』 昭和五十四年

①は評伝であるから全体を対象としてよいが、②は江戸期の歴史評論であるため相互に関連はするが直接には第六章の「水戸史学と『大日本史』――前期水戸学の歴史思惟――」と第九章の「歴史思想と歴史意識の接点――後期水戸学の始発をめぐって――」が該当する。なほ、①にはすでに荒川久寿男氏の批判があるが（『水戸史学』第九号所載「あるひとつの光圀論――その虚構と偏見について――」、昭和五十三年）それをふまへつつ、前期と後期の「断絶」論に焦点を当てて論評を試みたいと思ふ。まづ、直接に「断絶」といふ言葉を使用している一節から検討を開始しよう。①の左の箇所である。

ある人物を紀伝のどこに配属するかは、その身分関係はもとよりのこと、あらかじめ与えられた道徳的価値観によって定められてゆく。これは光圀の死後のことだが、享保五年（一七二〇）、源義朝を「叛臣伝」に入れるか否かの議論が起きていることからも窺われるように、『大日本史』の紀伝への人物の割りつけは、すべてこれ名分論的範疇による区分であった。しかもまた、義朝が幸いにも（！）それを免れて「諸臣伝」に列したのは、澹泊が「其の頼朝の父たるを以て、已《や》むを得ずしてこれを叛臣伝に載せず」（『修史始末』）と議したからであった。その理由も名分論的発想によっているのである。（二一九頁）

とした上で述べる、括弧に収めた次の部分が問題なのである。

ちなみに、その後刊行された『大日本史』では、義朝は「叛臣伝」に加えられている。おそらく『修史始末』で「義朝の罪、実に誅を容れず、而して頼朝の為に諱むとは何ぞや。豈に此の書を以て、覇府の諛史となさんや」とこれを論難した幽谷の手による変改の結果だろう。このことはいわゆる前期水戸学と後期水戸学との断絶を示す一例である。

（同頁）

要するに、現行（木版本）の『大日本史』の「叛臣伝」に源義朝が入つてゐるのは澹泊によつて「諸臣伝」に入れられてゐたのが幽谷によつて改変された結果であり、そこに前後期の「断絶」があるとされてゐるのである。ただ、幽谷の手によることは推測であるが、それによつて「断絶」を断定してゐるのであるから、推測ではあつても実は断定と同じ意味としなければならない。さうすると、第一に果たして幽谷によつて改変がなされたのかといふことを証明しなければならないし、第二に澹泊以前はどのやうな取り扱ひがなされてゐたのか、が究明されなくてはならないだらう。この二点を明らかにせず「断絶」とするのはあまりにも暴論にすぎるのではあるまいか。そこで私も次にこの二点を考へてみたいと思ふ。

まづ第一であるが、これに関しては吉田一徳氏の次の言及を指摘することができる。

文政九年藤田一正総裁が江戸在邸の時、江館総裁青山延于と相談して源義朝・源義仲・藤原公宗は之を叛臣伝に入れることに決定した処に、文政十年史臣川口長孺が免されて江戸史館に復帰したので、青山は川口とも話合い、更に水館の会沢安・大竹親従の意見を求めて、叛臣へ入れることに決定したのである。

（『日本史紀伝志表撰者考』一〇七頁）

根拠は延于書簡であり、続いて「元来義朝は正徳の古本叛臣伝に入れてあつたが、その後将軍源頼朝の父たるの理由で享保本大日本史巻一百五十一、列伝第七十八に掲げた。立原万総裁は寛政年間重校の際、義朝は叛逆弑父、干紀乱常之人也とて叛臣伝に復し、源義仲だけは新井白石等の論に鑑みて平伝に置いたのである」（同頁。傍線は梶山）と記されてゐる。さうすると、立原総裁が提出してゐた案を幽谷の代になつて皆で相談して決定したのであり、当時の史館の総意といふことにならう。

第二は藤原公宗を「叛臣伝」から出すといふ議論とセットで考へなければならないことである。正徳五年に澹泊は公宗を「叛臣伝」から出して七世の祖である公経の伝末に付してはどうかと提議してゐるが、室鳩巣は駁して「叛臣伝」のままでよいことを述べてゐる。それに対する澹泊の再答は次のやうであつた。

高慮一々御尤奉存候。なる程被仰下候通、先年、公宗も逆臣伝《ママ》に入有之を、拙者愚意を江戸・水戸惣裁どもまで申述、致議論、逆臣伝を除き列伝公経之附伝に仕候。其詮は、皇朝百王不易之史、異朝革命之史とは違申候。公宗子孫歴々相続き、西園寺を徳大寺より継、清華之家にて御坐候。然るを先祖逆臣伝に入申候ては、決して公共之書には罷成間敷候。事実さへ没し不申候へばよく候間、列伝に入置候方、為当世諱之の道理にも叶可申候由申達、左様罷成候。即公経・公宗之賛にも其気味を書載申候。

（日本思想大系『近世史論集』五五五頁）

ここにみえる澹泊の回答は名分論に基づくものではなく、単に「当世の為」すなはち今日の状況（公宗の子孫であることへの配慮）への妥協ともいふべきもののためであつた。引用は小倉芳彦氏の解題によつてゐるが、さらに同氏の解題を掲げると、

> さらに進献の日が迫ると、かなり強引に変更の注文が総裁に向って発せられるようになる。「菅原道真と藤原時平、三善清行と藤原菅根をそれぞれ同じ伝の中に収めたのは不倫《ママ》だから分けたい。菅根は時平に附すればよいが、他の三人を独立させると列伝の巻数が増えてしまう。林大学頭の序文は一百七十巻ということで戴いてしまったから今さら変えるわけに行かない。どうしたらよいか」、この問題をもちこまれた総裁は、その趣旨を生かして全巻数の辻褄を合わせましょうと答えている（享保四年月）。また源義朝は叛臣伝に入れて然るべき人物だが、頼朝の父だから叛臣伝から外そうと提議している（同五年五月）。いずれも進献という目的達成のために、少しでも抵抗を少くしておこうという配慮の産物であろう。（五五五頁）

となり、「義朝の巻が諸臣伝から抜けて叛臣伝に移ることは、澹泊動議以前の姿に戻ることであった。」（五六四頁）と述べられてゐる。なほ、これに関しては『水戸史學先賢傳』中の「澹泊安積覚」（名越時正氏稿）の項をも参照していただきたい。

右のやうな状況は純史学的な問題でもなく、ましてや道義的名分論的議論ではない。単に表面的体裁を繕ふための政治的理由によることを示してゐよう。したがつて、幽谷の意見ならば筋は通つており名分論的といへようが、澹泊の意見では何ら現実に妥協したのみで名分論によつたものとはいへま

い。野口氏が引用される「其の頼朝の父たるを以て、已《や》むを得ずしてこれを叛臣伝に載せず」といふ『修史始末』の記載の直前には「叛臣莫過於源義朝」（『幽谷全集』一〇三頁）とみえてをり、叛臣として源義朝を過ぎるものがゐないといふのであるから、頼朝の父ではあるけれどもそのまま「叛臣伝」に入れておくのならば名分論であるといへよう。しかし、実際はさうではなかつたのであるから、澹泊を通り越して更に以前からみれば幽谷等の方が連続することとならう（吉田氏からの引用部分の傍線部参照）。

ところで、正徳五年の往復書案抄に次のやうな一節を見出すことができる。

西園寺公宗弑逆ヲ謀伏誅顕然之事ニ候間反臣《ママ》伝へ収申事至当之事と我々共も元来存寄罷在候所此ハ安子被申候ハ公宗ハ世家在廷之歴々今出川家ノ御先世ニ而御坐候ヲ反臣伝へ組合候ハ不遠慮ニ御坐候間常躰ノ伝へ組合可然由被申候太平記時代御組合ノ所無御坐候ハ、七世之祖公経附伝なとへ御入可被成候やとかく穏当ニ相聞へ候方能御坐候此段御料見可被成候

（『茨城県史料』近世思想編三〇五頁）

文中の「安子」は安積澹泊であるが、澹泊に反して「我々」すなはち酒泉・佐治の両総裁は叛臣伝に収めることを「至当」と認識してゐたことが知られる。してみれば、必ずしも澹泊の見解に同調するものではなかつたわけであり、澹泊をして前期を代表せしめることには無理が生ずるといふことにならざるをえない。さうすると、野口氏の指摘は何ら意味をなさないといふことにならう。なほ、『近

世史論集』の刊行は昭和四十九年であるから、小倉氏の解題をみる機会は十分にあつたはずであり、また論賛の引用などは本書に拠つたと思はれるから何とも不思議といふほかはない。見落とされたといふなら仕方あるまいが、それでは『修史始末』元禄四年の条に「安積先生建議。出藤原公宗于叛臣伝」（『幽谷全集』七八頁）とみえることを如何に解せられるか。もともと公宗伝は叛臣伝に収められてゐたのだが、それを澹泊が建議して出したわけである。野口氏はこれを見落とされたのだ。さうでなければ故意に黙殺されたといふことにならざるをえない。幽谷はこの条に事に拠りて直書することを述べ「天子の為に諱まずして公卿の為に諱む、……人臣を是非する、之を何とか謂はん」と澹泊を批判してゐたのであるが、おそらく野口氏は享保五年の条のみで論ぜられたのであらう。

ついでながら、吉田氏の示される藤原公宗に関する立原万総裁の見解を引いておかう。

古本叛臣伝に入候処、後に列伝に出し候事何の故といふことをしらず。若当時同家の人朝廷に在るを以て忌諱するとならば、直筆といふべからず。因て今古本に従ひ、叛臣伝に入申候（前掲書一〇六頁）

さすがは立原総裁、名分を弁へた人物であり、澹泊以前に戻す端緒を作つたことは大いに評価さるべきであらう。

三　野口武彦氏の主張とその批判（2）

もう一例を指摘しよう。次の箇所である。

> ところで、いま橋川氏と同じように水戸学の前期と後期の断絶を論証しようとしているわたしが強調したいと思うのは、むしろ「神皇、極を立つるの大体」というこの言葉のもう一つの側面、いいかえれば、後期水戸学が「国体」をして「国体」たらしめる原理的背景として導入したのが記紀神話であったという事実である。（①の二八七頁）

要するに野口氏は、記紀神話の導入に前後期の「断絶」をみようとするのであり、そのいはば援軍として橋川文三氏を引き合ひに出してゐるわけである。橋川氏が徂徠学の影響を指摘してゐるのは事実であるが、あくまでも試論の域を出ないといふべきであらう。この箇所で問題なのは「国体」といふ言葉（用例）と「記紀神話」であるからこれを確認せねばならないと思ふ。そこでまづ、次の一節に注目してみよう。

天保九年（一八三八）三月、烈公斉昭の名をもって『弘道館記』が成立したときが、ふつう後期水戸学始発のメルクマールとされている。『弘道館記』には、「宝祚《ほうそ》之を以て無窮、国体之を以て尊厳」という有名な語句があるのだが、水戸学内部で「国体」という言葉が用いられたのはこれが最初ではない。この言葉はもと『漢書』から出たといわれるが（吉田松陰『講孟劄記評語反評』）、江戸時代の儒者たちによってさまざまな意味に用いられてきた。それが水戸学独自の日本の国家的アイデンティティという内容で使用されるのは、おそらく岡崎正忠が国史題号を論じて、文化二年（一八〇五）に「冒して大日本を以てする者は、国体を弁ぜざる者の為す所」（『修史復古紀略』）といっているのがかなり早い方の例だろう。（①の二八五～二八六頁）

右に述べられてゐる岡崎正忠の言は事実であるが（大日本雄弁会『大日本史後付』収録の「修史復古紀略」三八頁）、正忠よりもかなり早く正徳六年（一七一六）刊行の『保建大記』に「国体」の文字がみえてゐるのである。この「国体」の意味するところが「日本の国家的アイデンティティ」であることは明かであり、著者栗山潜鋒は宝永三年（一七〇六）に没してゐるからこれ以前の使用である。用例を紹介された名越時正氏は元禄六年以後と推定されてゐるが（『水戸光圀とその餘光』一一七頁）、その他佐々宗淳・森儼塾等の類似の用例についても考察されてゐる。潜鋒の使用例が水戸仕官以後とすれば義公と当然に関はりが生ずるはずであるから、前期の国体論として大きな意味を持つこととならう。従って正忠よりも百年前にすでに国体論が存在してゐたのであり、これを考慮せずに後期水戸学を論ずるのは余りにも杜撰といはなければならない。また、名越氏は安積澹泊や酒泉竹軒の使用例にも及びつつ、問題は「「国体」の語を用ひるか否かよりも、わが国の歴史の外国と異るものの認識そのもの」（前掲書一二九頁）であると述べられてゐることに注目しておかう。

続けて野口氏はこのやうな新しい歴史的＝政治的理念の析出に当たつての『新論』の役割にふれ、「またしても皇統の持続性が強調されるゆえんである」とされる。問題は次の箇所である。

くりかえすようだが、これは光圀の歴史的思想にもともとあった皇朝主義の量的な発展ではなく、別箇の歴史的理念への質的な転換である。

（①の二八六頁）

ここに「別箇の歴史的理念への質的な転換」とみえることは「断絶」と同様に捉へてよいだらうが、「これは」は一体何を指してゐるのか。「光圀の歴史的思想にもともとあった皇朝主義」に関するものであることは確かだが、これまで『新論』を引用しつつ述べてきたのは「皇統の持続性」を強調することであるから、おそらくこれを指すとしてよいのであらう。さうすると、「皇統の持続性」を強調することの量から質への転換といふことになるが、どういふことなのであらうか。ともかくも、義公が「皇統の持続性」を把握してゐた事実の若干を確認しておかねばならないだらう。

そこで第一に挙げねばならないのは「梅里先生碑陰幷銘」にみえる「皇統を正閏し人臣を是非し」といふ一節である。何のために皇統を正閏するのか、正閏してどうするのか、これらを考へる時正閏すればこと足れりといふのではあるまい。いふまでもなく、名分を正し皇統の永続を願つてのことであるだらう。さうでなければ「大義のかかるところいかんともしがたし」（『年山紀聞』巻之五「彰考館」）といふ決断が出るはずはない。また、「人に代りて宗廟を興造せんことを乞ふの表」の、

恭しく惟れば吾が朝　天孫の正統、神武天皇より　今上に至る一百十四世、二千三百五十余年皇胤相継ぎ、宝祚永く保つ、功徳三五に過ぐと謂ふべし

といふ一節には明らかに「皇統の持続性」をみてとることができるであらう。

次に「記紀神話」についてであるが、野口氏の主張をもう少し確認しておかう。

もともと強靭な合理主義の骨格をもってつらぬかれていた光圀の歴史思想には、こうしたモメントが介入する余地はまったくなかった。光圀にとって、その尊信の対象たる皇室は、まさにその持続的存立が歴史過程における「人倫の大義」の実在を担保する何ものかであって、それを特に神話的光背をもって権威づける必要はなかったのである。そのことは、つとに天和四年（一六八四）四月、光圀が吉弘元常と佐々宗淳に「神代《かみよ》は怪異の事ばかり候間、神武の口（神武紀の首《はじめ》―註）へものせがたし。別に天神本紀・地神本紀を立、七代五代の事をかくべし」（『西山遺聞』）と命じたというエピソードからも知られよう。この計画はけっきょく実現しなかったのだが、ここにはいかにも光圀らしい合理的なものの考え方がよく示されている。

（①の二八七頁）

右に引用されてゐる『西山遺聞』の一節は元来「御意覚書」にみえてをり、吉弘・佐々の他に人見又左衛門を加へた三名に命じたものである。『西山遺聞』は天明六年に立原翠軒によつて集録されてゐるが、この部分の割註に、

御意覚書。按するに、これハ史記三皇本紀の例に倣はせられて天神本紀・地神本紀と云物をかかしめ、日本史の初に附られんとの思召と見へたり。

（『水戸義公伝記逸話集』一三二頁）

とみえてゐる。さうしてみると、義公の意思を推し量つた翠軒には『大日本史』の初めに「天神本紀・

るかであらう。

地神本紀」を付けるといふ意識があつたのかもしれないが、問題は義公の神代観をどのやうに理解す

そこで、少しく義公の神代観を確認しなければならないが、「御意覚書」と同様の見解は延宝二年の「静神社祝文」や元禄十二年の「大国玉神社祝文」にみえる、

謹みて神代の古昔を思ふに、悠遠にして測り難く、質素にして名づけ難し。

といふ一節にも窺へる。これは要するに、神代を恣意によつて解釈することを避けて古典伝承を尊重する立場の表明であらう。名越時正氏は「水戸学派における天照大神の崇敬」といふ論文（『天照大御神』研究篇二収録）において、義公の神道尊重や天祖崇敬について詳細に述べられてゐるので参照されたいが、とりわけ「神儒を尊んで而して神儒を駁す」の文意に関して「真の神道を尊ぶが故に不純なるものを厳しく批判したことが理解され、また修史に関して、神代紀の超合理性を承知しながら、別に天神本紀、地神本紀を立てようとした意味が、決して支那思想によるものではない」（一五九〜一六〇頁）とされてゐることに留意せねばならないであらう。ここで、名越氏が「支那思想によるものではない」と述べられてゐるのは小林安司氏『水戸学精神』所収「水戸学に於ける神道」を批判されたためである。確かに義公は「神武の口へものせがたし」としたが、神代を否定したのではなかつた。むしろ尊重したのであり、それは神武紀と分けて「別に天神本紀・地神本紀を立」てようとしたことにみられるであらう。ただ、本紀・列伝の完成時に「天神本紀・地神本紀」の編纂は全く進んでをらず、それが高

橋広備や幽谷等に神代の大要を神武天皇紀冒頭に書かしめた理由であらう。あるいは北朝五主の事蹟を後小松天皇紀首に掲げたことや『元魏史』等では初代帝王の紀首にその先祖の事蹟を載せてゐることが念頭にあつたかもしれない。いづれにしても、その背景には本居宣長等の国学の影響がないとはいへないが（幽谷の国学的傾向に関しては拙著『水戸派国学の研究』序論を参照されたい。また『修史始末』貞享元年四月三日の条には「奉旨筆記」（御意覚書）によつた『西山遺聞』と同様の記述がみえてゐる）、記紀への関心や神道の探究といつた状況を勘案すれば義公の「皇朝主義」が「まったく別種のものに培養されてゆく」（①の二八四頁）などとはいへないであらう。先に「神話的光背をもって権威づける必要はなかった」と述べられたのはどういふ意味か不明であるが、仮にこれを認めるとしても「天神本紀・地神本紀」の作成を命じてゐたこととどのやうに関係するのであらうか。義公は「神話的光背」を無視した訳ではないことは確かなのである。

ここで野口氏がいふ量と質にふれておかう。一般論として百年も経てばその方法や考へ方に変化が生ずるのはある意味で当然のことであらう。ことに何事にも極めて慎重であつた義公の意思を推し量ることは容易なことではなかつたはずである。さうであるからこそ、澹泊のやうに近侍してゐたからといつて必ずしも義公の真思のすべてを捉へられたとはいひがたいのである（野口氏は①の一七九頁に「おそらくは光圀の遺志を一身に体しつつ」とされてゐるが疑問としなければならない）。澹泊については松本純郎氏の『水戸学の源流』に収められた「安積澹泊に就いて」や『水戸史學先賢傳』中の伝記を参照されたいが、後年幽谷等によつて「論賛」が削除されたのも澹泊に対する疑念を感じさせたからであらう。「皇統の持続性」の念願は義公以来代々の藩主や史臣達にとつて共通の思ひであり、それが「尊王」といふ言葉に込められて幕末に至つたことは疑ひのない事実としてよい。量と質はそれぞれ時に応じて変化するものであり、本質において不変であつて、それは中後期の多くの義公研究によつて裏付けられたものであつた。いはば義公への回帰現象とでもいふべきものであるが、たとへば、立原翠軒の『西山遺聞』、高倉胤明の『西山遺事俚老雑話』、小宮山楓軒の『水戸義公年譜』等直接的な研究をはじめ、河合正修の『史館旧話』、藤田幽谷の『修史始末』等修史に関する著述も指摘されてよい。その他天保期にかけて幾多の関連著述が出来したことは義公の真思を探究し、それを継承しようとしたからに他ならない（宮田正彦氏『水戸光圀の遺猷』一六九頁以下参照）。このやうにみてくると、「皇統の持続性」の強調を量や質に置き換へることは果たして意味のあることなのであらうか。

四　野口武彦氏の主張とその批判（3）

続いて②に移らう。②では明確に「断絶」といふ表現を確認することはできないが、たとへば二六二頁に「光圀の皇朝主義とこの時期の尊王思想とをあえて識別してみようとするのは」（同様の記述は一一六頁にもみられる）との記述がある。「この時期」は幽谷以後のことであるが、「皇朝主義」と「尊王思想」と使い分けてゐることも「識別」を意図してのことであらう。それでは何が異なるかといへば「その主張が、当の光圀の皇朝主義以上にはるかにナショナリスティックな色彩を深めていることにあ」（二六一頁）り、「その主張」は幽谷の「四大不可」の論点を指してゐる。このやうな記述は「断絶」といふ烈しいものではないが、やはり前期と後期の違ひを際立たせようといふ意味では同類と捉へてよいであらう。要するに野口氏は義公の「皇朝主義」のそのままの展開が幽谷の論理に結びつくのではないといふのである。それは『正名論』にふれた次のやうな一節に窺へる。

> 上は天子から下は庶民にいたるまで、整然たる身分秩序が維持されてゆくためには、まず幕府が皇室を尊信しなければならないとするこの論旨は、それなりに、というより、みごとに首尾一貫している。そしてこの論旨に関するかぎりでは、一見すると光圀に代表される前期水戸学の皇朝主義とさしたるへだたりはないかのようである。が、事実はこのときすでに、歴史主義的思惟の転轍器は切り換えられていた。

ここでは一見すれば連続性を認めるやうでありながら、野口氏流の解釈が登場する。その解釈を聞かう。

> 問題は、幽谷の『正名論』が皇室尊信の信念一般を語っていることにあるのではない。この点だけに注目するなら、水戸学は光圀の時代から幕末までつねに同じ信念をくりかえし語っていたにすぎないということになる。そうではなくて、問題は、なぜ封建制度の維持のために皇室尊信が必要であるかとするその論理の独自な構造化にあり、ひいてはそれが幕府権力の相対性を論理

的に正当化してしまったことにあるのである。幽谷は決して、幕府権力の絶対化が封建制度を補強する手だてであるとは考えない。かつて新井白石や荻生徂徠が明言したように、諸侯・卿大夫・庶民が幕府をとびこえて皇室に忠誠を向けることがいかに幕府権力にとって危険であるかとは考えない。

（②の二七二〜二七三頁）

右にいふ「幕府権力の相対性を論理的に正当化してしまった」とは何を意味するのか。おそらく「尊王敬幕」のことなのであらうが、確かに『正名論』のいふところは「幕府、皇室を尊べば、すなはち諸侯、幕府を崇び、諸侯、幕府を崇べば、すなはち卿・大夫・諸侯を敬す」であつた。白石や徂徠のやうな幕府中心主義と異なるのは当然であり、それが「水戸学」の思想なのである。

野口氏は皇朝主義と尊王思想を使い分けられてゐるが、実は氏自身の記述でも明確とはいひがたいところがある。たとへば次の一節である。

もちろん、『大日本史』には光圀生前から全巻完結の時期にいたるまで、その根本的な構想原理として保存されつづけた、いや、むしろそれを根拠としてこそ後期水戸学の成立が約束されたある核心的な部分があったことは否定できない。はじめに掲げた幽谷の文章などは、まさしくその最大公約数的表現であったといえよう。一言でいうなら、「帝室を尊び、覇府を賤し」むという言葉に端的に示されているような、光圀以来水戸史学に伝統的なものとなった皇朝主義の思想である。だが、光圀の皇朝主義は後期水戸学の尊王思想とは違っているし、また後者は、その遠

心的なインパクトのもとに醸成された勤皇思想とも微妙に色彩を異にしている。（一一六頁、傍線は梶山）

傍線部に留意しよう。ここでは明らかに光圀以来の皇朝主義が幽谷の主張にみられるといふことを述べてゐるのである。しかし、その後には「光圀の皇朝主義は後期水戸学の尊王思想とは違ってゐる」といふのだから、幽谷の主張が後期水戸学の尊王思想には含まれないとでも考へない限り矛盾と言はざるをえない。これに関しては「幽谷の一世代後に成立する後期水戸学」と述べる一方で「根本的にこの『正名論』の枠組みをはずれることはなかった」（一七四頁）といふのでその主張にあいまいさが目立つ。要するに、時間的には含まれないが思想的にはその根本的共通性があるといふことらしい。また、「変わったものは皇朝主義という水戸史学の根本原理ではなく、それをいかに歴史構想の機軸たらしめるかという思考論理であり、さらにまたその論理を統合するところの歴史意識の組成であった」（一一七頁）とも述べられてゐるから、根本原理である皇朝主義は不変であつたことを認められてゐるわけである。

ただ、このやうな言説は先に言及した「叛臣伝」の問題とどのやうに関連するのであらうか。源義朝伝を「叛臣伝」に戻したこと（すなはち澹泊動議以前）そのものは「歴史構想」の変化なのか。それとも不変の皇朝主義に含めるのか。もし変化とすれば、義朝伝が古本の「叛臣伝」に含まれてゐたことをどのやうに理解すればよいのか。疑問を呈しておかう。

ここで私は義公光圀の思想を思ひ起こさなければならないと思ふ。たとへば「桃源遺事」巻之三冒頭の有名な一節を指摘しよう。

西山公むかしより御老後迄、毎年正月元日に、御ひたゝれを召れ、早朝に、京都の方を御拝し被遊候。且又折節御咄しの序に、我か主君は天子也、今将軍ハ我か宗室也。（宗室とハ親類頭也）あしく了簡仕、取違へ申ましき由、御近臣共に仰られ候。　（『水戸義公伝記逸話集』一二八頁）

この箇所に義公の尊王精神をみることは異論のないところであらう。その尊王とは主君として天皇を仰ぐことにあることは明白である（義公が「幕臣ではない、ことを暗示してゐる」として宮田氏が注目された「朝臣」の使用例の指摘も重要な示唆とならう。前掲書一八二頁以下参照）。

また、「玄桐筆記」にみえる、

色々御はなしのありしに、皇家の天下を武家へとられまいらせてもありしに、いやいや皇家の天下をとり申たるにてハ候ハす。摂家の天下を武家へ取申らるにて候と御答ありけれハ、まこと左様ニ候とて感歎なされしと也。　（同前六四頁、皇家以下傍点）

といふ一節にも注目してみよう。座興の話とはいへ、皇家からの政権移動ではなく政権が摂家から武家へと交代したことの認識が窺へるのである。このことは先に引いた『正名論』の一節と見事に符合するであらう。それは『正名論』の主張が幕府摂政論ともいふべきものだからである。摂家から武家への交代ならば武家が摂家の代役なのだから摂政論が成立するはずである。従つて、幽谷の主張はそれを理論化したまでともいへるから「幕府権力の絶対化が封建制度を補強する手だてであるとは考えない」のは当然である。しかも、天子が主君で将軍を宗室とすることは「皇統の悠遠、国祚の長久」（『正名論』）たる「国体」であり、やがて幕府が天子と対立するに至れば仰がねばならない存在を天子とすることは必然の帰結となるのである。それが山県太華などの「水戸学」批判評となるのであり、奇しくも水戸の尊王論の到達点を予感させるものともなるのである。だから、「水戸史学がこれまたつねに一貫して、いわゆる尊王敬幕の態を保ちつづけ」（一一七頁）たことは理解できるけれども、それがはたして「どこまでも公武協調の可能性を信じていた事実を指摘することができる」（同頁）のかどうかは疑問としなければならないのである。

このやうにみてくる時、尊王といふ観点によつて前期から後期へと連続した、あるいは一貫した本質的な思想の流れを確認することに支障はあるまい。いづれにしても事実に即した解釈をすべきであり、予断を以てしては歴史の真実を明らかにすることは不可能であらう。

をはりに

野口氏の①に対して荒川久寿男氏の批判があることはすでにふれたが、その中に史料の誤読や誤記を指摘した箇所がある。たとへば、「頼山陽の『大日本史』論賛が」（二五八頁）といふ例であるが、『大日本史』論賛なら安積澹泊であり、あまりにも杜撰な記述といはなければならない。私も一例を加へると、二一四頁に「いわゆる両統迭立《てつりつ》は、足利幕府の策謀であったにもせよ」とあるが、両統迭立なら鎌倉幕府であることは高校生の知識の範囲だ。ついでに②からも例示しよう。二三頁「鶖峰の『国史館日記』は」とみえ、二四頁にも『国史館日記』とある。日記は日録の誤記であるが、いづれにしても史論（野口氏は歴史評論とされるが）としては遺憾な記述としかいひやうがない。だから、このやうな書物を正面から取り扱ふのは誠に気が引けるのではあるが、あへて論評を試みることにしたのは野口氏の論を高く評価する本郷隆盛氏の次のやうな指摘があるからである。

むしろその橋川氏の観点を全面的に摂取することによって「水戸学の前期と後期の断絶を論証」することに大きな成果を挙げたのは野口武彦であった。

といひ、

野口によれば、前期水戸学のうちに保たれていた普遍的儒教主義と皇朝主義とのバランスが大きく崩れ、日本の国家的アイデンティティの核心を「宝祚無窮」という皇室の持続性に求め、それ自体を絶対の価値とする「国体」の観念が実体化されるのが後期水戸学であるとし、

と要約して、

水戸学における歴史意識への省察を通して前期水戸学の歴史思想及びその転換の特質を明らかにした点については貴重な成果を挙げたものということができる。（衣笠安喜氏編『近世思想史研究の現在』所収「藤田幽谷『正名論』の歴史的位置」――水戸学研究の現在――一六四〜一六六頁）

と評価されるのであるが、それは野口氏の事実誤認や史料の誤読に気が付かなかつたからであり（あるいは黙認したかもしれぬ）、いはば砂上の楼閣を讃へたにすぎない。確かに荒川氏が評されたやうに「才筆」ではあるが、かつ又「虚構と偏見」も同時に存在することも認めねばなるまい。

以上は、野口氏が論証されたといふ「水戸学」の「断絶」論に対する私なりの批判であるが、このやうな貧しい指摘によつても「断絶」論が成立するはずはあるまいと思ふのである。また、かへつて野口氏の主張には「水戸学」の根本原理の不変性を主張する箇所がみられ、氏自身の主張を自ら矛盾に導いてゐるやうに思はれるがいかがであらうか。

第六章　打越樸斎と「樸斎正議」

一　打越樸斎の人となり

打越樸斎《ぼくさい》はこれまでの講座（水戸学講座）に登場した人々（義公光圀・栗山潜鋒・安積澹泊・佐々宗淳）、義公光圀は特別として、その他すべて彰考館総裁を務めた人物ですが、それらの人々と比べるとあまり知られてゐない人物かもしれません。しかし、彰考館総裁を務めたれつきとした学者です。貞享三年（一六八六）に生まれて、元文五年（一七四〇）に亡くなつてゐます。五十五歳でした。諱を直正といひ、通称は弥八、樸斎は号です。本姓は米川氏、三十歳の時打越政徳の女を妻として養子となりました。打越氏は郷士から藩士に取り立てられましたが、政徳の長男と次男が相次いで亡くなつたため養子を迎へることとなつたのです。青山延于の『文苑遺談』巻三には「幼にして機警、大井友雄に従ひて学ぶ」とあり、「義公給うに月俸を以てし、西山に召見せらる」とみえてゐます。「機警」は優れてゐることです。義公に召されて三宅緝明（観瀾）の弟子となり、史館に入つたのが十四歳の元禄十二年です。ですから、義公に召されたほとんど最後の史臣といつてよいでせう。

樸斎の学問はだんだんと伸び、その実直で手堅い仕事ぶりが評価されるやうになります。享保十二年には小納戸役で総裁を兼ね、百五十石が給されることになります。四十二歳の時です。十八年には二百石に加増されます。生活は質素で、職務には精励真摯、昼夜をおかずといふ様子であつたといはれます。取り立てて目立つ業績はないやうでありますが、樸斎の総裁時代は『大日本史』の総吟味が行はれた時期ですから、いはゆる元文検閲本の完成に尽力したはずであります。

最晩年を除けば老牛先生（安積澹泊）がいまだ健在であり、その指示を仰ぐことができました。本題の「樸斎正議」にも、そのことが窺はれます。それでは本題にふれることにいたしませう。

二　「樸斎正議」とはどのやうな史料か

「樸斎正議」は打越樸斎の著書であります。厳密には著書といふほどではありませんが、関連資料をも綴つた冊子とでもいふべきものと思はれます。原本は吉田一徳博士の旧蔵で今日県立歴史館に所蔵され、『茨城県史料』近世思想編（以下、『県史料』と略記）に翻刻されてゐます。以下、『県史料』所収文によつて考察を加へたいと思ひます。表紙には「続編議／樸斎正議」とみえ、大きく次の六つの部分から構成されてゐます。

①続編議　　右正徳中・文化二乙丑四月五日夜手写了

②三件伺書之相談書付　　元文改元之秋　　打越直正謹白　　老牛先生・桃洞大兄

③老牛居士の回答　樸斎先生

④書簡（依田喜左衛門・竹雲大兄宛て、文面記載なし）

　此外二三通略ス　文化乙丑四月八日写了

⑤書簡（十二月十四日付佐治理平治と酒泉彦太夫の大井助衛門と神代杢大夫宛ての一部）

⑥請禁編輯続編上疏（朱筆・一部）

『県史料』では七頁ほどの分量になりますが、概略は宮田正彦氏の報告が要を得てゐると思はれますので掲げてみませう。

この書は、吉田一徳博士旧蔵の一本で、現在、茨城県歴史館に架蔵する（架番号吉九―三〇）写本である。表紙に「続編議・樸斎正議」とあり、一帖オに「菅氏所蔵」の朱印がある。墨付二十八帖、全文同筆で、一部分、ホゴ紙の裏を用ひてゐる。十一帖ウに、「右正徳中、文化二乙丑四月五日夜手写了」、二十七帖オ枠外に、「文化乙丑四月八日写了」の識語がみられる。内容は、史館の往復書案の写しと思はれ、続編編集の必要を力説した、酒泉、佐治の書上げと思はれるもの、（これが「続編議」）及び直正の三大議と澹泊の返書を全文載せる他は、適宜史料を抄出したものであつて、中に「此書略ス」「外ニ以擁三器為真主弁なる書一通有之き今略ス」等とあり、又、末尾二十八帖オに五行ほど抄出する「請禁編輯編編《ママ》上疏」は朱筆であるなど、祖本の存在を思はせる手控へと考へてよいであらう。

（『水戸光圀の遺猷』七七頁）

この一文について『県史料』の解説は「本書について意を尽された紹介である」と述べてゐますが、私も同感です。解説によれば、「樸斎正議」そのものは②の部分であるとのことですが、飯田瑞穂氏も「狭義」の「樸斎正議」として認められてゐます（次節に示すD論文）。宮田氏はそれを認めた上で、さらに、「樸斎正議」の名称は、三大議ではなく、「請禁編輯続編上疏」にこそ相応しい、といふべきである。（『水戸光圀の遺猷』七三頁）

とも述べられてゐます。そこで、次には「樸斎正議」をめぐる論争に言及して本書の意義を考へる手だてとしませう。

三　「樸斎正議」をめぐる論争

関連の論文を便宜上、年代順に掲げると次のやうになります。

A宮田正彦氏「水戸史学先賢伝・樸斎打越直正」（『水戸史学』第十二号、昭和五十五年、後『水戸史學先賢傳』『水戸光圀の遺猷』収録）

B鈴木暎一氏「『大日本史』の続編計画をめぐって」（『茨城県史研究』第五十五号、昭和六十年、後『水戸藩学問・教育史の研究』収録）

C宮田正彦氏「鈴木暎一氏「『大日本史』の続編計画をめぐって」を読んで」（『水戸史学』第二十四号、昭和六十一年、後『水戸光圀の遺猷』収録）

D飯田瑞穂氏「鈴木暎一氏「『大日本史』の続編計画をめぐって」吹毛」(『中央史学』第十三号、平成二年、後『著作集』2収録)
E鈴木暎一氏「再び『大日本史』の続編計画をめぐって——飯田瑞穂氏の批判に答える——」(『茨城県史研究』第六十六号、平成三年)
F飯田瑞穂氏「再び鈴木暎一氏「『大日本史』の続編計画をめぐって」吹毛」(『著作集』2収録、平成十二年)

以上ですが、さらに平成元年に『県史料』が刊行されて、「樸斎正議」(「続編議」とともに)が収録され、解説が付されました。

まづ、宮田氏のAは打越樸斎の履歴と総裁としての業績を紹介しながら、三大議と続編編集の中止を具申したことを評価したものであります、この中の「大日本史編纂記録」にみえる「挽留之密話」についての異なる解釈を示したのが鈴木氏のBです。「挽留之密話」も重要な問題ですが、以下に検討するのは藤田幽谷の「続編議」引用に関してです。Bには次のやうに指摘されてゐます。

このようにみると、『修史始末』の、「続編議」とした引用文献の示し方ははなはだ不適切であるといわなければならない。また打越の意見が、青山の指摘のごとく「誣ふるに幾か」ったかどうかはしばらくおくとしても、これが確かな根拠に基づく議論でないことも明らかである。とすれば、打越の意見だけを全面的に支持した藤田の論評にも、無条件でこれを正当な評価としてよいかどうかには大きな疑問が感じられる。私たちは、続編計画に関するかぎり、『修史始末』の記載内容にとらわれることなく、それから自由な見地に立って、考察を進める必要がある。

ここでは打越の意見を全面的に採った幽谷の態度を非難してゐますが、鈴木氏が不適切といはれる引用文献の示し方を検討するために「続編議」といふ史料のみに限定して考察を進めてみることにしませう。

宮田氏は、この箇所に対して「『修史始末』における文献注記の態度如何の問題」と「注記された「続編議」といはれる史料の実態如何の問題」といふ二点から批判されてゐます。両者は相互に関連しますけれども、いま主として問題とするのは後者であります。宮田氏の「樸斎正議」に対する要を得た紹介は先に引用しましたが、Cから引いてみますと、

内容は、いはゆる「続編議」と「続編願口上書（案）」及び、「樸斎正議」の他に適宜史料を抄出してあり、「修史始末」の天和三年条の出典である「元文元年答打越樸斎手簡」もこの冊子の中に含まれてをり、中には、「此書略ス」等ともある。

とした後に、

つまり、今日我々が見られるものは、文化二年の四月に、誰かによつて抄出された写本であつて、その祖本は、おそらくは、続編問題をめぐる関係史料を一冊にまとめたものであつたであらう。幽谷が披見したとすれば勿論この祖本に当るものであつたと思はれる。

と祖本の存在を推定され、さらに、

　勿論、○○議といふ名称は、「検閲議」の如く、一つの主張を持つた文章に付せられるのが本来であるから、正保五年六月十八日付酒泉佐治書簡にいふ「案文」に当る文章のみを指す、と限定する方が正しいかもしれない。しかし、幽谷が、既に続編問題をまとめた一本を手にしてゐたとしたら、そしてそれが、写本にある如く「続編議・樸斎正議」と題されてゐたとしたら、その内容史料を含めて「続編議」といふ題名を出典とした可能性も捨て切れないではないか。

とも述べられてゐます。ここにみえる推定は十分に成り立つと私にも思はれます。

一方、飯田氏はDにおいて、

「続編議」を、正徳五年に書かれたとみられる「後小松以下三、四代紀伝続編被仰付可然奉存候」との提議と限定して考へれば、「はなはだ不適切」どころか、『修史始末』の元文二年五月の条の典拠にあたる記述は、もともとそこにあるはずがないことであり、全くの「誤り」「偽り」と言はなければならないことになる。とすると『修史始末』元文二年五月の条は、何に拠つて書かれたのかといふ疑問が残つてしまふであらう。（注は省略）

と指摘して、写本にふれたあと、

　この「樸斎正議」に該当する部分には、元文元年秋打越樸斎が安積澹泊・小池桃桐に宛てた「三件伺書之相談書付」（これが狭義の「樸斎正議」であらう）の他に、それに対する安積澹泊の返書（十月廿五日付）、その他本文は省略されてゐるが打越樸斎が依田処安に宛てた書状（十一月九日付）、小池友賢が依田処安に宛てた書状（十一月十九日付）など関連の資料が収められてをり、末尾には『修史始末』元文二年五月の条と関連する「請禁編輯続編上疏」の抄出まで入つてゐる。このやうに関連資料も併せ写して、便宜、その写本に「樸斎正議」とか「続編議」とか題したものが在つたとすれば、広狭二義の「続編議」が存することは充分にありうることであつて、簡単に「誤り」とか「不適切」とか言ふことはできないであらう。

と述べられてゐます。両氏とも現史料からは「祖本」や「広狭二義」の「続編議」の存在が窺はれるとし、鈴木氏Bの指摘には疑問を表明されたのです。

それに対して、鈴木氏はEにおいて次のやうに反論されました。史料の概要を説明したあとに、

ところで、『修史始末』には、「続編議」と「樸斎正議」とは別々に引用されている。したがって、たとえ二つが合本になっていたとしても、幽谷は独立の史料として取り扱っているのであるから、右の現存の写本の状況からみる限り、「続編議」は十一丁ウまでの単一の内容と考えられる。

とし、さらに、

a先に述べたように、幽谷は「続編議」と「樸斎正議」とは別個の史料として取り扱っているのであるから、もし同条の記事に出典を示すとすれば、「樸斎正議」とするのが正しかろう。それがもし合本になっていたならば「続編議」・「樸斎正議」の二つを掲げるべきであり（そのよ

うに二つ以上史料を掲げたところは他にいくつもある）、いずれにせよ、「続編議」だけを出典としたのは適切な措置とは考えられない。

b一方、正徳五年の記事についてはどうか。これは、酒泉・佐治の書簡、大井・神代の返書、「口上書」などからその要旨を示し、その出典を「続編議」としたものである。この引用が正しいとすれば、先のいわば狭義の「続編議」には総裁書簡や「口上書」は含まれていないから、これもご指摘のように、いわば広義の「続編議」があって、幽谷はそれを出典としたと考えざるをえない。

cしかし、狭義の「続編議」のほかに、その他関係資料をも併せ写したものがあったとすれば、現存筆写本の冒頭かあるいは「正徳中」とあるあとに、「樸斎正議」の方で示した如く、「書状略ス」「口上書略ス」とかいう記載があってもよさそうなのに、それがないのは不審である。少なくとも文化二年四月の時点には、狭義の「続編議」しか存在しなかったとみるのが自然ではあるまいか。

と述べられたのですが、後段cはあくまでも比較推定であります。比較推定といひますのは私の定義でありますが、「前がかうだから後ろもかうである」といふ類の推定であり、根拠を具体的に提示しないで行ふ推定のことであります。

これに対して、飯田氏はFにおいて再度批判を展開されました。飯田氏の批判の根拠は鈴木氏が現存の史料の「形を前提にして、幽谷の出典表示の不当性を指摘され」たことにあります。長くなりますが、関連部分を掲げてみませう。

私は、県立歴史館に所蔵の『続編議』写本が、同書の唯一の形とは断定できないであらうといふことを想定・指摘したまでで、他の形の伝本を現物で示したわけではないので、主張として弱いことは否めないが、幽谷自筆とでもいふのならばともかく、きちんとした根拠も示さずに歴史館所蔵本について「現存の写本は、幽谷時代にあつた「関連資料」の形態と同じか、もしくはそれにかなり近いものなのではあるまいか」と言はれても、簡単に同意するわけにはいかない。『修史始末』元文二年（一七三七）五月条の記事のやうに、正徳五年（一七一五）に書かれた「続編議」（狭義の）には、年代的に絶対に見えるはずのないことについて、出典として「続編議」を掲げることからみれば、関連資料も附収した写本の存在を想定するのが自然であらう。

そのやうな『続編議』がかつて存在した可能性は、県立歴史館所蔵『往復書案』二十九所収の、享和三年十一月四日付、青山量助らが小池源太左衛門に宛てた書状に、「先達而続編議のぼり申候所、只壱冊にて、小口ニハ二ト有之候。樸斎正議も続編議と同時の物に候間、外題小口書キ抔間違居候も難計候。もし又続編議小口一ト申冊子も御さ候ハ、為御登可被下候」（『茨城県史料』近世思想編　大日本史編纂記録　解説三二頁）とあることからも窺はれる。小口書に「二」とあり、「樸斎正議」と合写された形ではない「続編議」写本一冊が存在したことは確かである。小口書の「二」は、事情がつまびらかでないので、直ちに二冊以上からなつたとまでは言はないにしても、少なくとも小口に文字が書けるほどの厚さの冊子であつたことは確実であらう。写し方によつて、写本の分量に多少の差は生ずるであらうが、県立歴史館本の「続編議」は、鈴木氏も詳しく体裁を説明してくれてゐるやうに、十一丁である。これだけでは、到底普通の形で、小口書ができる厚さではない。別の何かが合写ないし合綴されてゐたとみなければなるまい。「続編議」を、県立歴史館所蔵写本が唯一の形であるとする不確実な前提に立つての『修史始末』批判は、早計の誹りを免れまい、といふ私の批判は、依然、撤回の要は無いと思ふ。（註は一部省略）

右の記述中の傍線部は鈴木氏のBに、

しかし、「続編議」を読んだ小池が依田に語った時期は元文元年十一月以前とみられ（註略）、打越はこの小池の意見に反駁するため、小池と安積に書簡を呈したのであるから、それから二一年も以前の正徳五年に書かれた「続編議」（註略）に、「弥八、続編の挙あるを知らず……亦直正の為に左袒すと云ふ」とするような記事があるはずはない。

と述べられてゐることと、Eのbとcの反論を承けてのことであります。鈴木氏が「記事があるはずはない」といはれるのはもつともなことでありますが、だからこそ飯田氏のFの反論が成立するのです。

以上の論争を整理しますと、その論点は、

Ｉ現存史料の状態から幽谷の引用状況（出典註記）を非難する

Ⅱ現存史料の状況を前提に論ずることは危険とするといふ相反する二つの見方のどちらを採るかに帰着します。現段階では、飯田氏が引用される享和三年十一月四日付の青山らの書簡はかなり有力な証拠となると思はれます。もとより、この書簡の内容も後年の推測とはなりますが、やはりこれによれば別写本の存在は認められるやうに思はれます。

しかし、それでも問題は残るとしなければなりません。それは幽谷が元文元年の条に「三大議」について述べた際、その出典として「樸斎正議」を掲げたことであります。先に飯田氏が狭義の「樸斎正議」とされたのはこの条によるのかもしれません。享和三年十一月四日付の引用書簡に「樸斎正議も続編議と同時の物に候」とみえるところからしますと、飯田氏Ｆが「合写された形ではない」とされる「樸斎正議」が存在し、それは「続編議」とは異なると思はれます。さうしますと、幽谷は「続編議」とは別冊の「樸斎正議」をこの条の出典としたといふことになります。このように解釈しますと「樸斎正議」と「続編議」の二つを同時に出典としてあげた箇所はないのですから、何ら問題はありません。したがつて、鈴木氏が指摘されたＥのａ（傍線部）の疑問は氷解すると思はれますが、いかがでありませうか。

四　「樸斎正議」の主張と藤田幽谷の評価

それでは、一体「樸斎正議」が主張するところは何でありませうか。すでに述べましたやうに狭義の「樸斎正議」は②の部分です。まづ、①は続編の必要を述べた文章、いはゆる「続編議」であつて酒泉・佐治両総裁の手になると推察され、「後小松以下三四代紀伝続編被仰付可然奉存候」が主張の要点であります。②は「三件伺書之相談書付」といふ書簡であり、元文改元の秋に樸斎が老牛すなはち澹泊と桃桐すなはち小池友賢に送り、三点について伺ひを立てたものであります。その三点とは、

ア北朝五主之帝号日本史ニ相見へ不申候間後小松天皇紀と有之標題之下へ北朝五帝之名号ヲ致附出可然候哉否之事

イ五主家人伝之事

ウ日本史世系之事

ですが、それぞれの要点を摘出しますと、アが「其帝号ヲハ後小松天皇紀ト出シ有之候下へ北朝五帝之名号ヲ掲出シ候へハ北朝ノ公家武ト相知れ天下ノ事体モ帰り正統ノ筋も立候て時勢事体顕然ト相見へ全体允当批難も有之間敷乍恐先君之尊慮ニモ叶可申候」。イが「北朝五主家人ト云名目ヲ相止メ后妃ハ後小松之后妃ノ次へ北朝后妃ト名目ヲ出シテ段々書ツ、ケ皇子皇女モ皆其通りニ致し後小松之皇子皇女ノ跡へ北朝皇子北朝皇女ト標題シテ書込可然奉存候」、ウが「神武ヨリ承久迄之群臣世系ハ相見へ不申候……只今ヨリ致編集年表世系共に御附ケ可然候哉」となります。その回答が③の部分であり、澹泊はアとイについては賛成、ウについては紀伝上梓後でよいことを述べてゐます。これらについては宮田氏が指摘されましたやうに、当時の史館の北朝観を示してをり、「煎じつめてみれば、義

公の主旨を曲げるものではなく、いはゞ表現上の手直し意見とみることも出来る」（前掲書六四頁）のであります。ついでに指摘しておきますと、幽谷は『修史始末』元文元年の条にこの三点を述べてゐます。

さて、特に重要と思はれますのは⑥の部分であつて、続編に対する反対意見が窺へる箇所であります。ここに表明されてゐる意見は⑤と関連しますから先に⑤を検討し、その後に⑥に及ぶこととします。⑤の全文は次の通りです。

元来続編ハ　恭伯様御繁昌之節安兄へ申進候通にて候、其趣有増又此度申進候、恭伯様御意ニハ近代之事実今世之鑑に罷成候間、紀伝一通り済候ハヽ、近代之事取集、仮名書に成とも先仕立指上可然段、何角思召共被　仰出候付、覚兵衛近代之事ニ致熟練居申候申談候ハヽ、如何様とも思召ニ相叶候様、可罷成段、御挨拶申上、早速其趣安氏へ申遣候処、安子大同心ニ而、山中鹿之介議論等迄永々と申来候、且又、栗山源介も先年思召ヲ請候而、和史後編草稿相見へ申候、是続編之発端ニ而候、云々、

この書簡は享保元年頃のものと考へられますが、文中の「恭伯様」は三代綱條の子吉孚《よしざね》、「安兄」「安子」は安積澹泊のことで、「覚兵衛」は安積の名であることはいふまでもありません。「山中鹿之介」は戦国末期の尼子氏の重臣であります。一見して明らかなやうに酒泉・佐治両総裁は「恭伯様」の意思によつて続編を計画し、栗山の「和史後編」を続編の発端と捉へたのであります。それに対しまして⑥

の部分には朱筆で、

正徳五年日本史一通り出来候而、指上ケ可申様ニ成候而、江戸両惣（裁）相談にて十志ヲ編集候事ハ、伊介老へ度々申候而、志之事ハ済申候へ共、此跡之務無之候得は、史館之命脈絶シ申候と申事ニ而、此所大に胸ニつかへ続編之謀ハ出申候、云々

とみえてゐます。「正徳五年」以下は『大日本史』の紀伝が完成して義公廟に供へたこと、「江戸両惣」は江戸の酒泉・佐治両総裁、「伊介老」は伊藤主殿を指します。志が完成すれば史館の命脈が絶えてしまふから、続編の謀が出てきたといふのであります。この部分のみでは樸斎の意見は不明確でありますが、この一文は「続編編輯を禁ぜんことを請ひ上るの疏」と題するものですから続編の反対を表明したものであることに疑問はありません。

この続編計画の経緯について、後世になりますが、藤田幽谷は『修史始末』正徳五年十二月十五日の条で次のやうに説明してゐます。

是より先、江館総裁酒泉弘・佐治毘、紀伝方に成り、史館の将に廃せられんとするを憂ひ、自ら謂らく、史館の命脈を繋留せんと欲す。その策二有り、曰く修志、曰く続編、修志は則ち先天の元気、続編は則ち後天の元気なり、と。これを水館総裁に謀る。総裁大井広・神代𪊲以為らく、志は則ち義公の遺志、修めざるべからず、続編の如きは則ち、酒泉・佐治の好尚に出づ、為さんと欲せば則ち之を為せ、吾が与かる所に非ざるなり、と。然れども、その間に依違し未だ敢て顕

言して之を非とせず。弘・毘乃ち謂らく、両館の議協へり、と。遂に箚子を作り、二人及び広・燾等の名を署して続編を修めんことを謂ふ。（続編議）

そして、享保元年正月二十八日の条では、

一正按ずるに、酒泉・佐治二子の館脈を挽留するの説、卑陋甚し。建議の初に方り亹《び》々自ら言ふ、続編を作らざれば日本史結局する無し、と。百方遊説、（略）労を水館に分たんと欲せり。何ぞその狡巧なるや。故に神代鶴洞死に臨み、人に嘱して続編を廃せんと欲す。而して小池桃洞、二子の謬を襲ぎ、元文の初めに至りて再びその説を主張す。噫、樸斎の正言之を排することなかりせば、則ち続編の日本史を慨する、豈言ふに勝ふべけんや。

との評価を下し、元文二年五月の条では、

総裁打越直正、続編を禁ぜんことを請ふ書あり。是より先、小池友賢、直正の三条の議を見て、依田処安に謂ひて曰く、前輩の建議、続編を修めんことを請ふ。粛公既に命じて之を為さしむるときは、則ち後小松紀及び北朝の后妃・皇子等の伝、当に続編に入るべし。今、日本史を梓人に授くる、宜しく後小松紀を闕くべし。弥八（直正の俗称）続編の挙あるを知らず、故に云々す、従ふべからざるなり、と。是において直正、書を友賢及び安積覚に致し、続編の義公の本意に悖ることを極弁じ、酒泉・佐治の計る所を訐《あば》く。覚、時に病に臥すも、亦直正の為に左祖すと云ふ。（続編議）

と断案してをります。ここに引いた部分には「続編議」といふ註記が二カ所みえてゐますが、この註記の仕方に疑問を呈されたのが先述の鈴木氏です。この註記に関する議論が本論の出発点であつたのですけれども、その内容については宮田氏の論が正鵠を得てゐると思はれます。そこで今、その論から一つを摘出しますと、青山延于の論に対するものですが、『文苑遺談』巻之三に、

続編ヲ以テ、酒泉、佐治二子ノ私意ニシテ義公ノ本意ニ非ズト為シ、口ヲ極メテ二子ヲ醜詆《しゅうてい》ス。樸斎ノ論モ亦、枉ヲ矯ムルニ直ニ過グト謂フベシ。何トナレバ則チ、義公、嘗テ佐々宗淳ニ謂テ曰ク、館本諸書、採択ニ供スベキモノハ、後小松以後ノ事ト雖モ、宜シク朱抹標書シテ以テ検閲ニ便セヨト。是ニ由テ之ヲ観ルニ、公、未ダ薨ゼザルノ日ニ当ツテ紀伝功ヲ竣ヘバ、安ンゾ続編ノ命無キヲ知ランヤ。樸斎オモヘラク、酒・佐二子ノ続編之議ヲ主張スルハ、館脈ヲ挽留スルノ計タリト。夫レ二子は既ニ嘸仕ニ躋《のぼ》ル。則チ館脈ノ伝ハルト伝ハラザルト、二子ニ於テモトヨリ損益無シ。而ルニ樸斎、謂ヒテ私計ト為スハ、亦、誣フルニ幾カラズヤ。蓋シ二子ノ意ハ、文学ヲシテ廃セザラシムルニ過ギザルノミ。豈ニ、利ヲ求ムルニ意アランヤ。樸斎ノ論、苛酷ニ失ス。余、二子ノ為ニ寃ヲ雪ガザルヲ得ズ。（『日本儒林叢書』巻三史伝書簡部、六六～六七頁、原漢文）

とみえることに対する批判であります。宮田氏は「続編議」の主張が「義公の真意とはほど遠く、いはば屁理屈に過ぎぬ」とし、「不見識も甚しく、史観はゼロに等しいことを暴露してゐる」と断案されてゐます。さらに、その証拠として⑤を掲げ「青山のいふ後小松以後朱抹云々は、論拠となつてゐ

ない」として、

　青山のいふ、「文学ヲ廃セザラシム」とは、善意から出た解釈であらうが、いつたい、義公の歴史観を失つて猶ほ維持すべき「文学」が、「彰考館」に存在するのであらうか。（前掲書七一～七二頁）

と史館の本質に言及されてをります。まことに傾聴すべき論であります。

五　「樸斎正議」の意義

　このやうに樸斎の主張をみてまいりますと、「御意覚書」の天和三年十一月五日の条にみえる、

一後小松迄ニテ絶筆と兼而被仰出候得共、思召御座候間、後小松以後ノ事ニ而も紀伝ニ入可申所ヲハ、右之通表題朱点可仕候事。

（『水戸義公伝記逸話集』二〇三頁）

といふ文章の真意を理解したものといふことができると思ひます。さうしてみますと、青山でさへもがこの条から「安ンゾ続編ノ命無キヲ知ランヤ」と述べ「苛酷ニ失ス」と樸斎を非難したことと対比しまして、幽谷が続編計画を「大早計」であり、「所謂続編は首尾衡決、取捨鑑みるなし。徒に此に仮し、以て館脈を挽留し、歳月を遷延するの具となす。豈に鄙ならずや。縦へ其の成る有るも亦狗を以て貂に続くの譏を免れず。」（『幽谷全集』七〇頁）とし、また「樸斎先生の讜言正論、その人と為り想見すべきなり」（同一一二頁）と樸斎を称揚したことには水戸史学上の大きな意義を認めないわけにはいきません。「樸斎正議」といふ名称は誰が付けたか定かではありませんが、「正議」といふ言葉が続編反

対を意味することは明かであります。

また、樸斎の真価は幽谷によつて史上に顕現したといへますし、さらに幽谷をその精神の継承者とすることにもはや疑ふ余地はないでありませう。

補論　『大日本史』編纂における「近世」の意味

寛文四年十一月二十八日、義公は林鵞峯を訪れてゐる。この日の両者の問答は水戸史学と林家史学の相違をみる上で極めて重要であり、これまで多くの研究者が注目してきた。今ここで私が取り上げようとするのはあの有名な「参議完爾」の後の一句である。

又告曰、近世事者直書則有障、曲筆則有意者嘲之、不如与伊賀守議而留筆於百余年以前而可也

（『史料纂集・国史館日録第一』四七頁）

いふまでもなく義公の言であるが、問題とすべきは「近世」の意味するところである。「近世」のことを直書すれば支障があるから百余年以前で筆を留めてよいといふのであるが、これによれば百余年以前は「近世」ではないとすべきであらう。さうすると義公がいふ「近世」は百余年前から現在までの時期に相当することとならう。ただ、これは当時林家が編纂してゐた『本朝通鑑』に関してであるから、直接に『大日本史』に当てはめることはできないであらう。しかしながら、直前までを記述の対象とすることに懸念を表明してゐるとの一般的方針とすることはできよう。

この鵞峯訪問から八年後の寛文十二年、彰考館が小石川の本邸で開館する。『大日本史』の本格的編纂の開始である。この開館の時に書かれた「開彰考館記」といふ一文がある。筆者は史臣田中犀であり、末尾に寛文壬子仲夏初三日との日付がある。この一文は『文苑雑纂』巻二十に収められてゐるが、「近世」の語句がみえる冒頭の部分を掲げてみよう。

夫れ史は治乱を記し善悪を述べ、もつて勧懲の典に備ふる所以の者なり。故に異朝に在りては、則ち班馬以来、作者世に久しからず。世縄々として歴史成推す。本邦は上古より中葉に及び、猶正史実録有り。而るに昌泰以後、寥々として聞く無し。以て憾むべし焉。我が相公嘗て之を嘆じたまひ、館を別荘に構へ、諸儒臣に命じ、広く載籍を稽へ、上は神武より下は近世にいたるまで、紀を作り伝を立て、班馬の遺風に倣ひ、以て倭史を撰すること茲に年あり。

（名越時正氏『続水戸の日本学』四二頁から引用、注釈は省略）

果たして「開彰考館記」にみえる「近世」は何を意味するのであらうか。当時桓武天皇までの二十六冊が出来てゐたといはれてゐるが、寛文十二年の時点では「近世」に至るまでの紀伝を作る意図があつたのであらうか。もし仮にあつたとすれば「近世」を直書することには支障があるとした言はどのやうに解すればよいのか。あるいは「近世」の意味するところを別に解釈すべきなのであらうか。それとも、文章のあやとして考へるべきなのであらうか。

以上に指摘した史料は義公の意を受けたものとはいへ自らのものではない。晩年のものではあるが、

次に義公自らのものを掲げよう。元禄八年十月二十九日付の遣迎院応空宛の書簡である。まづ前半部に、

下官十八歳の時分より少々書物を読聞申候、其時分より存寄候は、本朝に六部の国史古来有之候へ共、皆々編集の体にて史記の体に書申候書無之候故、上古より近代迄の事を本紀列伝に仕、史記の体に編集申度存立、四十年以来方々才覚仕候て本朝の旧記共集申候へ共、存候様に旧記あつまり兼、編集はかとり不申候。

とみえる部分と後半部の、

下官史記編集の事、第一上古より近来迄の事を記録仕候て、後世の重宝にも可罷成哉と存、

(『水戸義公全集』下、九五頁)

といふ箇所である。元禄八年といふのは但野正弘氏の考証によるが(『水戸史学』第二十二号所載「大日本史編纂と史料蒐集の苦心」)、ここにみえる「近代」と「近来」は同じ意味に解してよいと思はれるので、これらと「近世」の意味が同じものかどうかが問題とならう。元禄八年といへばすでに『大日本史』の下限は決定してをり、それは後小松天皇紀までである。さうとすればこの書簡の時点における「近代」や「近来」は後小松天皇のころを指してゐると解することも可能である。ただ、このやうに解釈すると先に述べた「近世」は明らかに直近までを意味してゐるからこの「近代」や「近来」とは異なるといふことにならざるをえない。

ところで、義公の書簡は但野氏の考証の如くに元禄八年と考へてよいから六十八歳の時のものであ

る。引用にもみえる「四十年以来」といふのはおほよそで史局開設以来の意味としてよいが、「十八歳の時分より」とあるやうに晩年の回想である。だから、修史を志したころは「上古より近代迄」を考へてゐたといふことであり、後半部ではより明確になるであらう。「史記」といふのは『大日本史』のことであり、その編集にあたつては「上古より近来迄」の事跡を記録してきたと述べてゐるわけである。このやうに文面を解釈してくると、この書簡の「近代」や「近来」を先の「近世」と必ずしも異なつてゐるとしなくてもよいと思はれるから、一般的な意味に解釈して差し支へないといふことにならう。

次に検討しなければならないのは「続編議・樸斎正議」末尾にみえる断片である。続編問題を議論する際には必ず引かれる有名なものである。

元来続編ハ　恭伯様御繁昌之節安兄へ申進候通にて候、其趣有増又此度申進候、恭伯様御意ニハ近代之事実今世之鑑に罷成候間紀伝一通り済候ハヽ、近代之事取集仮名書に成とも先仕立指上可然段何角思召共被　仰出候付、覚兵衛近代之事ニ致熟練居申候申談候ハヽ、（後略）

（『茨城県史料・近世思想編』収録）

差出人は当時総裁だつた佐治理平治と酒泉彦太夫であり、文中の「恭伯様」は三代綱條の子吉孚《よしざね》、「安兄」「覚兵衛」は安積澹泊のことを指す。ここにみえる「近代」は『大日本史』以後の直近までを意味するとしてよいであらう。特に「覚兵衛近代之事ニ致熟練居申候」といふのは安積が徳川家康の伝記である『烈祖成績』を脱稿したことからも首肯されるが、佐治や酒泉らからみれば「恭伯様」が語つた「近代之事実」編集を続編の意思の表明と受けとつたといふことであらう。したがつて、この断片にみえる「近代」は義公の『大日本史』編纂における「近世」「近代」とは意味が異なるとしなければならない。

義公は史記（大日本史）編纂に際して比較的漠然とした意味で「近世」（あるいは「近代」「近来」）と使つてゐるにすぎないのである。それは天和三年の「後小松以後ノ事ニ而も紀伝ニ入可申所ヲハ、右之通表題朱点可仕候事」（御意覚書）といふ一条によつて後小松天皇までが『大日本史』の記述範囲と定められてゐたことによつても明かである。ただ、この指示が史館の一部に誤解を生んだことは事実であつて、今日でも「近代」を続編と結び付けて解釈する向きもみられる。たとへば、天和三年の指示が必ずしも続編の意図ではないとしても「開彰考館記」の「上は神武より下は近世にいたるまで、紀を作り伝を立て」といふのは何らかの関連がありはしないか、との示唆を鈴木暎一氏が表明されてゐることなどである（『水戸藩学問・教育史の研究』五四頁）。

もともと義公は『大日本史』の下限が明徳三年であつても後小松天皇まであつても、その時分（あるいはそれ以前）から「近代」「近世」「近来」は同様の意味として使つてゐるのであり、続編とは何の関係も認められない。ただ、後世になつて佐治や酒泉総裁らが続編と結び付けようとしたことが窺へるだけである。しかも、それは義公に遡るものではなく「恭伯様」の意思としたにすぎないのである。

第七章　安積澹泊の史論

――「帝大友紀議」をめぐつて――

はじめに

水戸の代表的史家として知られる安積澹泊が彰考館総裁になる以前の比較的若い時分に書いた史論に「帝大友紀議」がある。この一文は『大日本史』の三大特筆の一つである大友皇子を本紀に立て即位を認めることに関する議論であるが、このやうな史論（他に「神功皇后論」もある）の存在によつて義公光圀に「論賛」作成の意図があつたことを論証しようといふ議論がある。果たして、この澹泊の史論に「論賛」との直接的関係を認めることができるであらうか。以下には、この問題を考へてみようと思ふのである。

一　「帝大友紀議」の成立

「帝大友紀議」は『続々群書類従』収録の「澹泊斎文集」巻四の冒頭に収められてゐる。甘雨亭叢書の「澹泊史論」上にみえるものと比べると異体字を除けば四字が異なつてゐるが、誤植とすべきであらう。史論に根本的な相違をみるほどではないが、以下の引用に際しては甘雨亭叢書に拠ることとする。成立に関しては末尾に「総裁の考証、備に其の要を得、又後生晩輩の敢て企及する所にあらざるなり」（『群書類従』本には総裁の前に「野」がみえる）とあり、人見総裁の「天武紀考證」の後に執筆したことは明かである。『修史始末』貞享四年の条に、

　八月十五日、吉弘元常、著大友本紀論

とみえ、その後に「総裁野伝、有天武紀考證」とあり、さらに割註して「不著年月、蓋作於是歳也、又安積覚有帝大友紀議」と記されてゐる。したがつて藤田幽谷は貞享四年とは断定しないけれどもその関連を認めてゐたと思はれるのである。先の本文末尾の記載からすれば、人見伝が総裁の任にあつた時期、すなはち天和三年十一月から元禄元年七月までであるが、これ以後に書かれたのではないとされたのが松本純郎氏である（『水戸学の源流』収録の「安積澹泊に就いて」）。澹泊は元禄元年に三十三歳であつたから、八十二年の生涯からすれば比較的若い時分の作とならう。また、吉田一徳氏は「貞享四年八月から翌元禄元年七月までの間に書かれたことは確実」（『大日本史紀伝志表撰者考』二〇九頁）とされる。ただ、『修史始末』の記事のみでは人見の総裁就任中に限定できるかどうかについては疑問があるが、おほよそはこのあたりの時期としてよいであらう。吉弘は元禄元年七月に佐々宗淳とともに人見の後を継いで総裁に選任され、澹泊は元禄六年に総裁に就任するのであるから、史館のもつとも優秀な人材に「帝大友紀」に関する史論が要請されたといふことにならう。この事実だけでも義

公光圀がこの問題を慎重に、かつ厳重に取り扱つたことが窺へるのである。

したがつて、吉田俊純氏が、

すなわち、光圀は生存中に神功皇后と帝大友に関しては、彰考館の史臣の支持をえられたのであり、光圀は澹泊らにその趣旨を記した論文を書かせたと理解できる。（『水戸光圀の時代』一八六頁）

と述べられてゐるのは首肯できるが、後年打越樸斎のやうに「日本紀をとくと熟覧いたし候へハ畢竟ハ曖昧といたし候」（『茨城県史料』近世思想編一〇〇頁）といふ意見も存在したことを付記しておかう。ただ、その他について吉田氏の主張に多くの問題点がみられることは拙著『大日本史と扶桑拾葉集』において指摘してゐるので参照されたい。

二 「帝大友紀議」の論点

それでは一体、澹泊は「帝大友紀議」で何を論点としたのであらうか。「帝大友紀議」はおほよそ千字の文章であるが、前半部はいはば序論であつて義公の「明断」を「千古之定論」と称へ、論旨は「壬申之乱」に関するものとなつてゐる。それは『懐風藻』と『水鏡』によつて「帝大友之事迹」を探ることであつた。その論点を整理されたのは前述の松本氏である。松本氏は「安積澹泊に就いて」において、次の二点を指摘されてゐる（前掲書一五〇頁）。

①大友皇子が太政大臣となられしは、日本紀に従つて天智天皇四年正月の事とし、皇太子となら

れしは水鏡に従つて同年十月とせらるべき事

②天智天皇元年の条に日本書紀の天武紀に従ひ「立大海人皇子為東宮」と書し、他の箇所はすべて大海人皇子と書して一貫すべき事。蓋し従来「東宮」の称呼はなく、天武紀に始めて現はれてくるのであるから、「拠事直書」して、その変例たる所以を示すべきである。

このうち、①は採用されたが、②は「論旨不透明で徒らに叙述の混乱を来すに過ぎない為め」に不採用になつたと論ぜられてゐる。よつて、次に澹泊の論点を確認しておかう。松本氏が指摘された二点は後半部にみえてゐる。

まづ①については「水鏡の載する所、其の太政大臣たるは、即ち日本紀に同じ。而して皇太子たるは、懐風藻に異れり」とあり、「故に其の太政大臣たるは、日本紀に従ひ、四年正月に書するに如かず、其の皇太子たるは水鏡に従ひ、十月に書せば扞格の累なくして、当時の事勢に於いて亦允愜たるに庶《ちか》からん」とみえることによるが、澹泊の主張の最重要部分である。現行の『大日本史』では「天智帝の四年正月、太政大臣を拝し、百揆を総《す》べ万機を摂《か》ぬ」とあり、「十月十七日庚辰、帝、大漸、大海人皇子、儲位を辞し、固く出家修道せんことを請ふ。帝、之を許す。是に於て、天皇を立てて皇太子となす」とあつて、さらに「皇太子は水鏡に拠る」と註記してゐる。さうしてみると、松本氏のいはれる通り採用されたといふことができよう。

次に②についてであるが、『日本書紀』の天武天皇紀には「天命開別天皇の元年に、立ちて東宮と為りたまふ」とみえるからこれに拠ったことは明らかである。また、「変例」については澹泊が「夫れ大皇弟を改めて皇太子と為す若きは、則ち親王に代りて冊授するなり。名に於て当ると雖も義に於て甚だ乖《そむ》けり。既に事実を失ひ、亦明拠する無し。故に元年に立てて東宮と為すと特書し、前後一に大海人皇子を以て之を称す。蓋し書法は厳を貴び、常有り変有り。其の変ずる所に即いて而して義自ら見る《あらは》」と記されたことによる。確かに『大日本史』の「天命開別天皇の元年」すなはち天智天皇の元年となるが、ここには「東宮」といふ記載はみえず、四年の条に「是に於て、大友皇子を立てて皇太子となす」と記されてゐるのである。さうすると、天武天皇が皇太子になつた時期が問題となるが、実は『大日本史』の本紀第十一冒頭には「天武天皇、初称大海人皇子、天智帝母弟也」とみえるのみで記述がなく、樸斎のいふ通り「曖昧」なのである。また、「東宮」の称呼は天智紀にもみえるから「始めて現はれてくる」といふのは不正確ではあるが、大海人皇子を「東宮」と記してゐる点は揆を一にする。いづれにしても②の「変例」に関して明確とはいひがたいところがある。

その他、注目すべき記載は「天武簒奪」であり、これは道徳的批判といへようが、天智・天武天皇紀の賛にはこのやうな記述はみえず、むしろ天武天皇を弁護する感じですらある。大友紀の賛には「天武の舎人親王に於けるや、君父なり。直筆して之を書すること能はざるは、固より亦宜なり」とか「蓋し壬申の乱は、其の原、天智の蚤く儲位を定めざるより起る」とみえるからである。

ところで、このやうな主張は「謝平玄中書」に「若大友皇子之簒統、則懐風藻水鏡、皆有明文、而舎人氏既書近江朝廷、其書天武之簒奪、曲筆回護、雖子為父隠、理所当然、而不自覚其往往逗出、此皆天理人心之公不可掩匿者也、後人不能究其旨、以大友為叛臣、而列於将門純友之類、不亦悖乎」（『続々群書類従』第十三巻所載「澹泊斎文集巻八」）とみえるところと通ずるであらう。

また、三宅観瀾の「論賛駁語」には「大友に本紀のたち候事、義公の発明深切、固より尚《くは》ふべからざるものなり」」（『水戸学大系』第七巻）とみえるから、「論賛」に対する意見を色々述べてはゐるけれども観瀾が即位を認めてゐたことは疑ひがない。

ただ、「新蘆面命」（谷秦山日記の一部）にみえてゐる、

黄門日本史三百巻有之大友ノ皇子ヲ帝位ニナサレ候ヨリテ王代一代多シ是ハ志賀即位記ト云偽書ヲ信シテ如此ナサレ候惣シテ水戸殿書物好マレ候故ニ天下ヨリ偽書多ク集マリ候舎人ハ天武ノ皇子故大友ノ事私ヲ遊ハサレ候ナド、仰ラレ腹フクル、事共ナリ（『日本文庫』四所収、栗原茂幸氏『東京都立大学法学会雑誌』一八—一・二合併号所載「徳川光圀の政治思想」六二五頁引用。なお、星野良作氏『研究史壬申の乱』では渋川春海の著とされる。）

といふ記述は明らかに誤記であり、見当違ひといふべきであらう。

三　『大日本史』の評価

次に、このやうな『大日本史』の見方が以後どのやうに評価されたのかを一瞥してみよう。まづは

『大日本史の研究』（昭和三十二年刊行、平成九年『水戸学集成』5として復刊）に収められた宮田俊彦氏の「弘文天皇」論から紹介しよう。

宮田氏は『日本書紀』が壬申の年を天武天皇即位元年としてゐないことにふれ、それが『大日本史』や伴信友が大友皇子即位論の一論拠とする薬師寺東塔檫銘と一致することに言及される。この檫銘に天武天皇即位八年庚辰とみえるのは壬申が元年ではなく癸酉を元年とすることであるから、書紀本文の記事が存在する以上無視できないとされたのである。「兎もあれ、壬申はまだ天武天皇御代ではない、翌年からであるとする伝が日本書紀の中に厳然として存する。巻の年立ての如何にかかはらず、即位の記事を認める限り、これは正しいものである。」とし、さらに「是年也太歳癸酉」の記事によつて「天智天皇についてては称制元年に御代の始めを置く、と同様に天武天皇には乱の壬申にではなくして翌癸酉に元年を認めてゐるのであつて、大日本史は紀の本文に忠実なのである。」（二八八頁）と述べる。一方では「日本紀には明文がないのに不拘、大日本史は水鏡・懐風藻によつて「立大友皇子為皇太子」と記し、天智天皇崩御の十二月五日丁卯に「皇太子（大友）即天皇位」とした。その拠る所、水鏡・立坊次第であり、共に證拠不十分と謂はざるを得ない。ここに倭姫皇后即位又は称制説の提出される所以が存するのである。」（二八九頁）とし、田中説を引用して大友皇子称制説を主張されるのである。

結論の部分を掲げれば、

実は大友（弘文）天皇紀は大日本史の当初から史局内に問題が存した。このことは、修史始末巻之上貞享四年条だけによつても察せられるやうに、いくらかの無理が存するのである。がその無理は通る程度の無理であつて、道理の天武天皇側にも些少の無理は包蔵されてゐる。神器（神璽）は何れにも明文が存しないが、他の条件は殆ど甲乙ない。しかも大海人皇子の吉野にまします間、短時日とは言へ、大友皇子執政（外交）の事が明瞭に證拠立てられる。称制とすべきではあるまいか。即ち修大日本史例の如く、懐風藻や水鏡に拠らなくても、日本書紀自体の中から「揜《おほ》ふべからざるものの一のみに非ず」と為し得る。さう言へるならば、あたかも即位以前、称制期間中の中大兄皇子を天皇と申上げて居るのと同じ取扱ひが大友（弘文）天皇に対してもなされて然るべきではなからうか。（二〇二～二〇三頁）

といふことになる。

ここで宮田氏が引用された田中説といふのは田中卓氏の「疑はれたる天武天皇前紀」（『田中卓著作集』5に収録、さらに「壬申の乱」からも引用されてゐる）なる論文であるが、少しく該当の個所をみておかう。

田中氏は、

思ふに倭姫皇后の即位説にせよ、称制説にせよ、何れにしてもこの事は少くとも二つの重要な意義をもつ。一はここに大日本史以来の通説であつた大友皇子の即位説が否定せられ、従つて皇位継承について「天武簒奪」といふ如き道徳的批判に修正が加へられなければならないといふことであり、一は倭姫皇后の即位或いは称制の事実を認めてゐないところの日本紀に対して、嘗ての

大友皇子の場合と同様に、その修史上の曲筆を結論せねばならないといふことである。（二〇頁）

とされ、また、

日本紀に忠実である限り、天智・天武両帝の間に即位の君は存在せられず、ましますとすれば恐らくそれは称制の君であり、称制の君としては、大友皇子こそ、その方でなければなるまいと思はれる。（三七頁）

とも述べられる。もとより両説には相違がみられるが、大友皇子の称制説は成り立つやうにも思はれる。ただ、田中氏はさらなる観点も指摘されてゐるから、全面的に称制を認めるわけではなく天武天皇紀の記事を疑ふことはできないとされてゐる。

以上の二説は必ずしも『大日本史』の立場を認めるものではないが、研究史上の役割の一端を窺ふことはできよう。

四　「帝大友紀議」の意義

松本氏は「論賛」の評価にあたつて、「此の書が、絢爛たる行文と豊富なる比喩とを借り、彼の学殖のあらん限りを披瀝して、縦横に批判の筆を揮つてゐる事は今更言ふ迄もない。然しその第二義的な部分は一先づ除外して、根本的な彼の史眼に注目しなければならない。」とした上で、

其の時我々は光圀より受け継いだ史観が随所にその光を放つてゐる事を十分に認めるのである。

特に神武天皇紀賛・崇神天皇紀賛・天智天皇紀賛等はよく国体の根本を把握し、又神功皇后伝賛・天皇大友紀賛・後醍醐天皇紀賛等は何れも大日本史三大特筆の精神をつくしてゐるとしなければならぬ。（中略）まして阿部《ママ》仲麻呂・吉備真備伝賛の如きは、痛烈にこれらの人物を批判して、多年の崇拝的傾向を打破したもので、流石犀利なる弁析は前期水戸史学の面目を露呈して余す所がない。彼は矢張り光圀の期待を空しくしなかつたといつてよいのである。

（前掲書二五九～二六〇頁）

と述べられてゐる。確かに松本氏の指摘の通りであらう。ただ、松本氏は後醍醐天皇の条における歴史的解釈の不徹底と道徳的曖昧さを認めつつも「これによつて「論賛」の他の部分の意義を迄疑ふ必要は毫もないのである。」（同二六二頁）とされるが、一方では北条義時に関する判断の浅薄さも指摘されてゐる。このやうにみてくると、松本氏は全面的に「論賛」を評価したのではなく、光圀の期待に添ふところとともにさうでないところもあるといふのである。だから、松本氏は「論賛」（存在も含めて）そのものが義公光圀の意思に添ふものと述べてゐるのではなく、「論賛」にみられる議論の中には義公の意思を汲んだものがみられるといふことなのである。蛇足を加へれば松本氏は「論賛が大日本史に附せられるべきか否かの問題は別として、蓋し此の時論賛を作成するとするならば澹泊がその任に当る事は当然であつたらう。」（同二五九頁）と述べられるだけである（傍線は梶山）。さうとすれば、「論賛」が『大日本史』と直接に結び付くとはいへないし、また次のやうな言及は修正を余儀なくされるであらう。

松本氏によれば、澹泊はその晩年、室鳩巣、新井白石、荻生徂徠との交流、「烈祖成績」の執筆において、光圀の思想から逸脱したとされるが、その氏においても「賛藪」は光圀の思想に則っているとされる。（前掲栗原氏「徳川光圀の政治思想」六〇二頁、傍線は梶山）

さて、「帝大友紀議」であるが、すでにみたやうにこの一文で澹泊は大友皇子の太政大臣や皇太子就任の時期を考察してゐるのであり、賛のやうな論評を主眼としてゐるわけではない。複数の史臣に考察を命じてゐるのはそれだけ事が重大であるからである。それは神功皇后の場合も同様である（薄井己亥氏『水戸史学』第五号所収「神功皇后皇妃考」によると安積・栗山・三宅・多胡らに命じ、光圀自らも口述させたといふ。また安積と栗山の論を紹介されてゐる）。

したがつて、次のやうな議論は「帝大友紀議」の主張をあまりにも無視したものであり、史論の存在から類推した短絡的立論にすぎないといへよう。

光圀の生前に大友皇子や神功皇后に関する史論を、史臣に命じて執筆させている事実などから判断すれば、光圀に「論賛」を作る意図があったことは明かである。（尾藤正英氏稿『水戸市史』中巻㈠「大日本史の思想」七六三頁）

要するに結論として「帝大友紀議」が「論賛」に直結するものではなく、いはゆる三大特筆の重大さを勘案すればこのやうな史論があつて何の不思議もないと思はれるからである。安藤年山が「館の諸儒たちさまざま議論ありて」（『年山紀聞』巻之五）と述べてゐるやうにむしろ議論がないはうが不自然である。ましてや澹泊に「論賛」作成が命ぜられたのが義公薨去後のことであつてみればなほさらのことであらうし、後年安積が「論賛」執筆に当たつてこれまでの史論を踏まへたことも当然のことであらう。

このやうにみてくると、「帝大友紀議」は天和三年の「新撰紀伝」以来の帝大友紀を補強するための研究論文であり、その意味で『大日本史』編纂に本格的に澹泊が関はつてくる記念すべき史論といふことができよう。

補註①

本論は直接に『大日本史』の考証を論評したものではないが、坂本太郎氏が「この考証にはとうてい及第点を与えることはできない。」（『著作集』第五巻一三〇頁）と述べられてゐるやうに今日からすれば不備であることは認めざるをえない。しかし、『本朝通鑑』にふれた箇所で「天命はとげないけれども、その正統たることは明らかであると、大友皇子の即位は認めないが、壬申を天武天皇にかけた『書紀』の書法は否定して、『大日本史』の書法の先駆といってよい見方を示している。」（同四一九・四二〇頁）とも述べられてゐるから当時の史的役割を窺ふことはできよう。

補註②

星野良作氏の『研究史壬申の乱・増補版』に人見野伝の説を紹介した次のやうな言及があるので紹介しておかう。

人見野伝の大友皇子即位論は、『懐風藻』に『水鏡』の記載を加えてその明徴とし、『書紀』の記事は撰者舎人親王が父天武天皇のことを憶っての曲筆のために真実がおおい隠されていて信じがたい、の二点を中心に展開されている。彼は『書紀』批判を通して、天武天皇の謀反を指摘し、大海人皇子・舎人親王ともに近江朝廷のあることを了知していたなど、聞くべきいくつかの論点を指摘している。安積澹泊が「総裁の考証、備《つぶさ》に其の要を得」ていると「帝大友紀議」で確認しているように、その論証は簡潔にして要を得ているといわざるをえない。このような野伝の所論のなかで特に注目される論点は、壬申の乱の原因についての見解がみられることである。壬申の乱の研究において重要な論点の一つは原因論であり、野伝の本書に見られる説は、その最初の提唱として確認する必要がある。それは『書紀』疑点の第三の論で、蘇我安麻呂の密語を取り上げ、「抑々安麻呂が密語、意あるは、疑ふべき」と述べ、結論の部分で、大海人皇子が天智天皇の禅譲を辞退して吉野に入っておりながら、「然も言を己を謀るに託し、兵を起して殺を行ふ」と指摘し、この行為を「反るに非ずして何ぞ」と厳しくその謀反を断定する。その見地から「是に知りぬ、前に安麻呂が密語を頷く、時既に有間皇子の事を作すの意あり」と論じている点である。野伝のこの見解は必ずしも徹底していないが、壬申の乱早期計画説の主張として理解されるのである。

（二一一〜二一三頁）

第八章　安積澹泊の史論

――「北条政子伝」の成立をめぐつて――

はじめに

二百五十年にわたる『大日本史』の編纂過程の様相を明らかにすることは容易とはいへないであらうが、決して不可能ではない。それは「大日本史編纂記録」としてかなりの関係史料が残されてゐるからであり、しかも一部とはいへ平成元年に刊行の『茨城県史料』近世思想編（以下、『県史料』と略記する）には関連史料が翻刻され、編纂過程をたどることができるやうになつたからである。先学が非常な苦心を重ねられたことを思へばその利便性は極めて高まつたといへよう。以下の考察は『県史料』を主としつつ列伝の一つである「北条政子伝」の成立に関して若干の知見を述べようとするものである。なほ、「北条政子伝」といふのは便宜的な表記であつて『大日本史』に使用されてゐる表記ではないことを付記しておく。

一　往復書案の考察

『県史料』の往復書案は大きく「往復書案」と「往復書案抄」に分かれるが、「往復書案抄」はいふまでもなく抜き書き（抄録）である。「北条政子伝」に関する部分では両者が一致する箇所はみられないが、関係の書案を年代順に対応させてみると立伝の状況をある程度窺ふことができる。そこで収録の順に書案の日付を掲げてみると次のやうになる。なほ、数字は後考のために付した発信順の番号である。

「往復書案」（江戸→水戸）『県史料』五七～五九頁

⑨一二月一日付
⑫一二月一三日付
②一一月一三日付
③一一月一五日付
④一一月一六日付
⑥一一月二二日付
⑦一一月二八日付

「往復書案抄」（水戸→江戸）『県史料』二四一～二四四頁

①一一月九日付
⑤一一月二一日付
⑧一一月二九日付
⑩一二月二日付
⑪一二月八日付
⑬一二月一七日付
⑭一二月二四日付

文面からみると以上の十四通の他にも往復書案が存在したと思はれるが、少なくともこれらはすべて宝永元年の発信と考へられる。「往復書案」の発信者は江戸の栗山源介と中村新八の連名ではあるが、栗山を主としてよい。受信者は安積覚兵衛であるから、いはば栗山・安積間の書簡と位置づけられる。「往復書案抄」のそれは全く逆となるが、まま栗山単独のものや「両惣さい」宛もみられる。以下、発信順に内容を確認してみよう。

まづ「往復書案抄」には長短はあるが「政子伝」のみに関する抄出がみられる。①もさうであるが、冒頭には、

頼朝御台所政子旧伝無之只今迄ハ書寄も無之候へ共是ハ伝立不申候而不叶人物にて御座候間当年新議にて伝立申候就夫御相談申遣候ハ伝首頼朝夫人平氏ト書出し伝中にてハ夫人と称申候而宜候

哉

と新たに「政子伝」を立伝したい希望を述べ、後半には二位まで昇つた人物を凡人のごとく妻として
よいかどうかと記してゐる。

②の前半には、

頼朝ノ夫人政子ノ事伝御立可被成候就夫伝首ノ書様ノ事如何と思召候夫人と有之も官女ニ紛妻と
書候も大へいに聞へ可否之程無覚束思召候由料見可申進由拙者も無心元決断難仕候

とあり、夫人や妻の書法が「大へいに聞へ」る旨を述べ、後半には中村新八との相談や佐々介三郎の
意見にもふれてゐる。③は断簡であつて不明瞭ではあるが「政子伝」の立伝に消極的な見解がみえ、
④も同様消極的意見を繰り返してゐる。

⑤は安積からの書状であつて、二条めに、

政子ノ書法書夫人ニハいかゝ可然やと御相談申進候所御壱分ニても決断難成候村兄へとくと御相
談被成追而可被仰聞候先年後鳥羽院ノ内歟紀末歟ニハ政子ノ書法大吟味有之介三なとも了簡有之
両様之中いかゝ相極申候哉……紀末ニ故頼朝妻政子と有之先年吟味之上ケ様相究候事と聞へ申候
左候へば伝にも是を守り頼朝妻と書出し伝中にてハ政子と称候方可然存候先日も申進候通歴史ノ
例ハ三公内方にても妻と称し候は弥以妻と書申候方的当之義と存候

とみえ、「政子ノ書法」について議論が続いてゐることが知られる。文中の「村兄」は中村新八、「介

三」は佐々介三郎のことであり、「先日も申進候」とは①に「歴史之例は三公之妻にても一概ニ妻ト称候得共」とみえることを指すのであらう。

また、五条めには次のやうに記されてゐる。

先日政子伝致再校候付存寄之儀一篇書立見申候勿論文章と申にても無之史断之類にて事実書集愚意を述候迄ニ御座候此趣にても伝立不申候て不叶人物之様ニ被存候依之草稿懸御目候其砌義家伝ヲも致再校候付少々存寄之儀書立申候江戸迄遣し候ほとの文字にても無之候へ共此度政子伝之儀被仰越候付幸之儀と存一所ニ指越し何之用ニ立候事にても無之候御慰に御一覧被成村兄へも御序次第為御見被成両兄思召寄之ほと無伏蔵被仰聞御添削頼入存候

ここからは、a「政子伝」を再校したこと、bその折り「史断之類」の一編を草し、江戸へ届けたこと、c義家伝も再校し、また関連の文を草し、江戸へ届けたこと、d政子は立伝しなくてはならない人物であると主張してゐること、などが知られるのである。bについては後にもみえるが、aの「政子伝」再校については①に「頼朝御台所政子旧伝無之只今迄ハ書寄も無之候……当年新議にて伝立申候」とみえるのは、吉田一徳氏『大日本史紀伝志表撰者考』が紹介される、

源頼朝妻北条氏　宝永元年甲申春之仲月之吉　日置新六撰　同年仲冬初八安積覚再見了

（同書三五〇～三五一頁）

との草稿奥付と対応するものであらう。すなはち「当年新議にて伝立」といふのは日置新六により執

筆された草稿のことであり、それを安積がその年の「仲冬」に再校したのである。さらに、吉田氏は書案⑨⑪⑫⑬を掲げて考察を付加されてゐる。

⑥は中村・栗山連名の一条のみの短い書案である。

義貞尊氏伝之首先達而指こし申候今ほと届可申候後鳥羽記ヲ御考へ被成候ニ故頼朝妻政子と有之由成ほと霍光妻なと、申例可然と被存候妻為言斉也ニ御座候へハ元来配と申も同事為太子択配なと、申より見申候へハよく〳〵存候ニ少も大へいニハ有之ましく候伝立不立ハ猶更御取捨次第と存候伝不立方もましに可有之哉とも被存候以上

文中に「よく〳〵存候ニ少も大へいニハ有之ましく候」といふのは②に「夫人と有之も官女ニ紛妻と書候も大へいに聞へ可否之程無覚束思召候由」とみえてゐたことの修正であらうが、江戸史館はまだ立伝に無条件に賛成してゐるわけではないやうである。

⑦は五条を収めた長い文面であるが、注目すべきは次の二条めであらう。

義家政子之御議論二篇拝見何も御議論至極感嘆仕候存寄も御さ候ハ、追々可申進候

ここにみえる「義家政子之御議論二篇」が⑤の五条めの「史断之類」であることは疑ふ余地がないであらう。私はこの「史断之類」の二篇が『澹泊史論』（甘雨亭叢書）に収録の「源義家」と「平政子」といふ史論であると思ふ。これについては後述しよう。

⑧では末尾の三条めを掲げる。

政子称様の事頼朝妻と本紀ニ有之段先日之御書付弥以妻と称候て可然候霍光妻なと、例も有之候妻為是斉也元来配と申も同事為太子択配なと、見申候へば少も不苦事之由一々御尤ニ存候先日申進候通妻と相極申候所今般御紙面にて猶更致落着候伝立不立の儀は先頃委細御答申進候通にて御座候元来政子伝立可申との儀は当春中頼朝伝校正之節より起り申候事にて御座候政子事実ヲ頼朝伝へ載候ハ、伝面殊の外見苦相成候依之引はなし伝立申候事にて御さ候其間ノ意味書面ニハ難申述候

ここは⑥を受けての議論であるが、さらにこれを受けて江戸からの書案が⑨である。

政子伝之事頼朝伝へ事ヲ御載被成候而は殊外見苦敷御座候間伝を別ニ御立被成候由御尤存候頼朝之附伝ニハ成申間敷候哉附伝と申方可然哉と此方ニ而ハ存候乍然是ハ御見合次第之事に御座候附伝ニハ劉向班固之類大伝も附申候例も有之様ニ覚候

⑩は⑨の翌日に覚兵衛（澹泊）から新八（中村）・源介（栗山）宛の一節であり、⑧の四日後の発信となる。⑨を受けたものではない。

政子伝立申候儀先比申進候趣御聞届被成候由御尤ニ存候へ共此方にてハ別ニ引はなし公武ノ列ニ入申合点ニてハ無御座候列女伝ノ中ニ入頼朝政子と目六ニも出し申合点ニて御座候御存之通歴史ノ例ケ様にて御座候列女ノ中へ入置候にてハ別而目立異様なる事ニても有之ましきやと存候

澹泊は列女伝に入れ、目録（目六）にも名を載せたいとし、両総裁に訴へてゐる様子が窺はれる。

それは次の⑪でも同様である。

政子伝立申事尤ニは被思召候へとも頼朝之附伝なとにてハ罷成申間敷候哉劉向班固ことき之人物も附伝ニなり候例も有之由成ほと御尤ニ存候乍去先比申進候通此方にてハ列女伝へ入申候合点にて御座候若列女ニて不穏候ハ、頼朝伝ニ附候而後日之詮議次第いか様ニも可罷成候

これは⑨を受けてのものであらう。頼朝の附伝では満足せず、澹泊はあくまでも「政子伝」の独立にこだはつてをり、それが当初からのねらいである。しかし、両総裁は必ずしも賛成しない。⑫には次のやうにみえる。

政子伝之事列女伝ニ御入可被成との事政子ハ貞烈之方へハ難参人物之様ニ被存候頗妬忌不仁之方ニ被存候列女之御吟味猶々よく〳〵御料見候様ニと存候畢竟後日之詮議次第又々極り可申と存候

両総裁の政子の評価はさらに吟味が必要で後日の詮議次第だといふのである。四日後の⑬では比較的長い議論となつてゐるが、冒頭では⑫を受けて「政子は貞烈ノ方へハまいりかたき人物に相見申候妬忌不仁ノ方にて御座候間」とし「歴史ノ列女伝必しも貞烈ノ婦人斗ヲ載候てハ無之様ニ存候」とか「其外も貞烈斗に限不申候段類例数多可有之候」と反論してゐる。さらに、

其上先年議定之修史義例ニも節婦才女之類事有可伝者雖微立伝と有之候此才ハ歌連歌之事斗とハ相見不申候政子ことき之才女伝立申間鋪様ハ無之かと存候兎角政子伝立候義両兄ハ気ニ入不申候故度々御料見被仰越候と相見へ申候

と述べ、説得を試みてゐる。⑭には次のやうにみえる。

廿一日之御書付今日相達候政子列伝ニ入申候儀先日申進候高涼洸氏などの例尤ニ相見へ申候とかく何とぞ二三年中ニ一通り相済列女伝へなり共才子伝へなり共それ〳〵ニ入候を御覧被成度之由御尤之儀此方も御同意ニ存候事ニ御座候

「廿一日之御書付」は確認できないが「先日申進候」といふのは⑬を受けてのことであり、とにかく立伝したいとの願望がにじみ出てゐる。一ヶ月半にわたる往復書案をたどつてくる時、議論は「政子ノ書法」と「政子伝」の立伝に集約されるであらうが、そこには澹泊が「政子伝」にかけた情熱を窺ふことができよう。後年、藤田幽谷が『修史始末』宝永元年の条に「烈女伝、旧に源頼朝の妻政子を載せず。是の冬、安積覚建議し為して伝を立つ。」と述べたのは、このやうな「往復書案」を精査した結果であつた。

二　「平政子」論の考察

「平政子」論は甘雨亭叢書の『澹泊史論』上巻に「源義家」論とともに収録されてゐる。また『続々群書類従』の「澹泊斎文集」巻四や『水戸学全集』第三編にも収められてをり、容易に閲することができる。私は先に⑦の「史断之類」の二篇に相当するのが「平政子」論と「源義家」論ではないかと述べたが、ここではその内容を検討してみよう。「平政子」論は大きく三段に分かれる。

まづ第一段では、政子が女性でありながら軍事と政治の実権を握つたことにふれ、大いに人に過ぎるものがなければ不可能であるとした。しかし、父の命に従はず頼朝に奔つたのはもとより正しくないが、一流人だからやむを得ない。政子の思慮は北条氏の為を専らとし、己のみの存在を認めて子を考慮しない。気丈で狡猾といふべきである。頼朝が富士野の狩における頼家の射勢を伝へてきた時、これを（使ひで知らせるほどのことではないと）難じたことに頼朝の心中を見通してゐる、と述べる。

第二段では、頼家の昏庸（平凡で暗愚）さから職を解き地頭総守護を一幡と実朝に分けたことにふれる。それが一幡の外祖比企氏を倒す口実となり、外戚の権を北条氏が握つて政子の志が成就される。比企氏の滅亡は一幡の死となり、やがて頼家と実朝が刃を交へ君臣相争ふこととなる。その結果、政子は鎌倉の主として頼経を請ひ号令を掌中に収めるのである。政子の心中は頼朝の子孫を絶やして威権を己に帰すといふにあり、まさに武氏（則天武后）の乱を見る思ひである、とする。

第三段は、澹泊の思ひを述べた部分である。武氏を介して孝謙天皇と政子を対比しつつ、義時・泰時の子孫が兵馬の権を握つたのは政子によるところが大であり女丈夫といふべきである、とする。しかし、武氏からみれば侍女ほどの役割にすぎず、自分の論はただ外面の類似を指摘したにすぎない、と結んでゐる。

全体にシナの故事を引用対比しながら述べる筆力はさすがであり、水戸を代表する史家といふにふさはしい。先にふれた書案⑤には謙遜の様子が窺へるが、内実は自信作だつたと思はれる。さうでなければ江戸の両総裁に送るはずはないし、議論が「政子伝」の立伝に関してであれば当然にしてその補強の文章であつたと解せられるのである。だからこそ江戸に送つたのであつて、両総裁に立伝を説得する意味を担つた一文といふべきであらう。

そこで次に、「平政子」論にみられる議論が実際に『大日本史』と如何なる関係にあるのか、といふ点を検討しなければならないであらう。

三　『大日本史』の北条政子伝について

「政子伝」の書き出しは「源頼朝妻北条氏、名は政子遠江守時政が長女なり」であり、①②⑤⑥などの議論をへた上での結論といふことになる。「政子ノ書法」にしてもこれだけの議論があつたのであり、立伝に関してはいふまでもなく、文章そのものについての校訂吟味が行はれたことは指摘するまでもないであらう。刊行本『大日本史』は何度かの改訂をへた上でのものであるから、当初からの部分がそのまま残存してゐるといふことはできない。しかしながら、一部とはいへ何らかの関連を認めることができるはずである。ここでは関連の部分を「平政子」論（◎、『水戸学全集』による）・『大日本史』政子伝（◇、『訳文大日本史』による）の順に掲げ、両者の類似点を探つてみることとしよう。

◎富士野の猟、頼朝使を遣して、頼家の射勢を矜れば、政子一言にして之を折く《くじ》。是れ豈脂粉の口気ならんや。其の胸中眼中、頼朝を勘破すること、亦已に審かなり。

◇頼家、幼にして頼朝に従ひ、富士野に猟し、射て鹿に中てしを、頼朝、大に喜び、梶原景高を遣はして政子に報ぜしめしに、政子、悦ばずして曰く、児、幼稚なりと雖も、将家の子たり。而るを、原野に一禽を獲たりとて、何ぞ専使を煩すことを之なさんと。景高、愧ぢて退きぬ。

「平政子」論の成立時期は必ずしも明らかではないが、⑤の宝永元年十一月二十一日以前であることは確かである。日置の草稿が二月とすると、その間に校訂が行はれたのであるから、右の一件では文章そのものには認めがたいけれども澹泊の考へが投入されてゐるとすることはできよう。

◎政子命じて職を去らしめ天下の地頭総守護を一幡と、実朝とに分つ（一幡は関東二十八国、実朝は関西三十八国）叔姪両立せず。外家権を争ふ。中人以下と雖も、其の乱階を知る。

◇政子、強ひて位を辞せしめ、関東二十八国の地頭総守護を以て其の子一幡に伝へ、関西三十八国の地頭を弟実朝に伝へしに、一幡が外祖比企能員、其の減割を怨み、実朝及び時政を殺さんと図り、密に頼家に啓しゝに、頼家、之に頷きぬ。

ここには、かなりの類似性を認めることができよう。

◎其の心術を究むれば、必ず能く子を殺し孫を殺し、頼朝の胤を絶ち、威権一に己に帰し、而して後に快と為す。……而も義時・泰時は、勤倹事を済し、猛将豪宗、首を俛して命を聴き、子孫相継いで兵権を秉《と》るもの九世、義時父子の才略に由ると雖も、亦政子が善く英雄を馭するの致す所、女丈夫と謂ふべきなり。

◇政子、厳毅果断にして、丈夫の風ありき。建暦・承久の間、内外、兵興りしに、群議を斟酌して、禍難を勘定し、頼朝が胤絶えたりと雖も、功臣宿将、敢て心を生ぜざりければ、天下、称して尼将軍と曰へり。義時・泰時、相継ぎて事を用ひ、兵馬を管轄せしが、北条氏の政を得たるは、蓋し政子に由りて基せしなり。

ここにもかなりの類似性がみられ、澹泊の校訂の所産といふことができよう。直接に文章に類似性が認められるのは右の二箇所であるが、「政子伝」を成すに当つて叙述すべき観点に同一性がみられるのは両者に密接な関連が存在するといふことであらう。

次に「論賛」をみてみよう。「政子伝」に独立した「論賛」はないが、烈女伝全体の賛に政子への言及がある。

源頼朝の妻は、権略・智算、固より女流の能く及ぶ所に非ず。頼朝を制するに妒悍を以てし、将士を馭するに厳明を以てし、識慮深遠にして、頗る妻妃・述律后の風有り。北条氏の政を得たること、与りて力有り。　（日本思想大系本による。以下同じ。）

「妻妃・述律后」は明の寧王の妃と遼の太祖耶律阿保機の后のことで、夫を諫めたり、補佐したりした賢夫人として知られる。「平政子」論では武氏と対比したが、賛では妻妃や述律后との対比であり、また「女丈夫」「丈夫」といふ形容はみられず、むしろ他の人物に用いられてゐる。全体に賛の評価が高いやうに思はれる。

四　「北条政子伝」と「平政子」論の関連とその意義

私は先に「論賛」の問題について、史論の存在から「論賛」作成の意図を探る見方に対して批判的見解を述べた（『大日本史と扶桑拾葉集』付章）。その際に、

　私は三大特筆のみにこだはることはしないつもりであるが、このやうに考へると神功皇后や大友皇子に関する史論のみをもつて論賛に結び付けることは必ずしも有力な議論とはいひがたいと思はれる。（二一一頁）

としたが、「北条政子伝」と「平政子」論の関連をみてくる時十分に三大特筆以外の史論においても安易に「論賛」と結び付けることはできないのである。すでにみたやうに「平政子」論といふ史論は「北条政子伝」の立伝のためのものであつたのである。たびたび澹泊が立伝のために見解を述べたことに対しては、吉田一徳氏も、

　安積は広い意味で列女視し、特に「平政子論《ママ》」を物して彼女のために弁ずる所があった。

とされてゐる（前掲書三五一頁）。宜なるかな、である。何よりも『修史始末』宝永元年の条に「列女伝。旧源頼朝妻政子不載。是冬。安積覚建議。為立伝」とみえ、幽谷自らが澹泊による立伝を認めてゐるのである。「是冬」とは宝永元年の冬であり、冒頭に掲げた往復書案の発信一覧を参照すれば幽谷も書案の議論と史論が一体であると理解してゐたことは明らかであらう。

「源義家」論について若干を補足しておくと、やはり「平政子」論と同様の傾向を認めることができるのである。『大日本史』義家伝にも澹泊の校訂が加へられてゐるから多少の類似点はみられるが、以下には「論賛」との類似に注目してみよう。

義家は牧宰の寄に居り、力を悉して誅鋤せるに、廷議以為へらく、「如《も》し官符を下さば、則ち将士、賞無かる可からず。此れ私闘なり。官符を下す可からず」と。嗚呼、果《も》し私闘なるか、宜しく擅興の罪を以て之を処すべし。果《も》し功有りとせんか、何ぞ之を賞せざる。既に賞を行はず、又、罪を加へず。私闘に諉言《いげん》して、遂に其の功を没す。其の実は、賞を愔《おし》むに過ぎざるのみ。

右の「論賛」の部分には「源義家」論の少なくとも次の二箇所との何らか関係をみることができよう（引用は『水戸学全集』による）。

・速に官符を下さんことを請ひ、首を闕下に献ず。廷臣以為らく、此れ私闘なり。官符を下すべからず。既に官符を下せば、将士賞無かるべからずと。事遂に寝む。

・当事者、当に師の曲直を議すべくして、宜しく賞の有無を計較すべからず。義家の挙非なる歟。則ち当に之を黜け之を罰すべし。是なる歟。則ち当に之を優し之を労すべし。而して議者の言を以て、官符を下さゞるは、是れ朝廷賞を吝むなり。

おそらく「論賛」の執筆に当つてかつてものした史論の援用は十分にあり得ることだし、あるいは史論の延長上に「論賛」の議論があるとしてもよい。それは幽谷が『修史始末』享保元年の条に「殆ど宿稿有るに似たり」と述べてゐることにも通じよう。しかし、「源義家」論は「論賛」のためではなく義家伝再校のための文章であることは⑤からも窺へるやうに、『大日本史』と史論の関係を個々に当つてみると、少なくとも「論賛」と直接に結びつくものでないことは明らかである。なほ、森尚謙にも北条政子と源義家に関する史論があるが（『儼塾集』）、同様に考へてよいであらう。

かくして、史論の存在から「論賛」の意図を導く議論は実証性を欠くものであり、しかもそれは澹泊の再校の事実そのものが見事に物語つてゐるといふべきである。

をはりに

「北条政子伝」の成立をみてくると、澹泊の果した役割が極めて大きいことが知られるのである。当初から栗山（源介・潜鋒）・中村両総裁は立伝に反対もしくは消極的であつた。それに対して澹泊は積極的であり、史論をものして立伝のために説得を試みたのである。両総裁を比較してみると、澹泊が主とした議論の相手は栗山だつたとみられる。それは⑤の文面からして主たる相手が栗山であり、受け取り差し出しとも栗山単独の書案が存在するからである。例へば①②③⑤などであり、『県史料』にはその前後にも澹泊と栗山間の書案が収められてゐるからである。書案の議論をみてくると、「政子伝」の立伝の議論を通じて澹泊と栗山の間には史観（大きくは義公のそれであるが、細部の史的把握においての意味である）の相違があるやうに思はれる。その相違は微妙なものかもしれないが、『倭史後編』をめぐる問題にも通ずるところがあるのではなからうか（第三章参照）。

ともかくも、栗山や中村よりもはるかに長命を保つた澹泊は自らの史観を『大日本史』に投影し得たのであり、義公光圀近侍の最後の史臣といふ立場においても、群を抜いた存在といへよう。

第九章　安積澹泊と徂徠学

はじめに

安積澹泊に徂徠学の影響がみられることは多くの先学が指摘されたことである。[1]しかしながら、その実際となると必ずしも十分ではないやうに思はれる。本章では澹泊が徂徠学を受容したとすればどのやうな点なのか、あるいはさうではないのか、かういつた点に焦点を当てながら澹泊と徂徠学の関係を人的交流をふまへて考察してみたいと思ふ。それは澹泊の新たな側面の発見と前中期の水戸学の解明に少なからぬ意義を有すると考へるからである。

一　安積澹泊と徂徠学派の交流（1）

澹泊が徂徠学派と交流した実際を年譜の中におほよそを整理すると次のやうになる。[2]なほ、＊は徂徠学派との関係記事であり、?は年代推定を示す。

明暦二　　誕生

寛文五　朱舜水に学ぶ
寛文一〇　二百石大番組
延宝三　小納戸役
天和三　史館編集役
元禄二　「修史義例」の編集
元禄六　彰考館総裁
元禄九　「重修紀伝義例」の編集
元禄一四　「義公行実」の編纂
正徳四　総裁辞任
正徳五　「大日本史」紀伝完成、報告祭
享保元　「論賛」執筆
享保四　*服部南郭招聘の試み（南郭「与安澹泊」）
享保八　「常山文集」版下吟味
享保九　*岡井孝先仕官（一八年まで、荻生徂徠の推薦による）
*平野金華「寿安澹泊七十序」
*澹泊「謝平玄中書」

享保一〇　＊平野金華「答安澹泊書」？
　　　　　＊澹泊「答平玄中書」？
　　　　　＊以後、徂徠宛六通、徂徠の澹泊宛六通あり
享保一二　「烈祖成績」編集（一八年完成）
　　　　　＊澹泊「復平玄中書」「寄平玄中書」
享保一三　＊徂徠逝去（六三歳）
　　　　　＊平野金華「与安澹泊書」　これ以後、大内熊耳の上策？
享保一七　＊金華逝去（四五歳）
享保一九　紀伝稿本総吟味
元文元　「検閲議」を記す
元文二　惣吟味終了、逝去（八二歳）

平玄中とは平野金華のことで、水戸の支藩である守山藩の儒者で徂徠門人である。金華との交流がいつから始まつたのかは明らかでないが、やはり徂徠門人で守山藩家老職の岡田家を継いだ宜汎（水戸藩士中沢氏）を通じてであつた(3)。宜汎は澹泊の甥に当たつてゐたからである。澹泊は宜汎を通じて金華と交はり、さらにそれによつて徂徠と文通し得たのである。また、岡井孝先は徂徠の「復安澹泊」に「亡荊従甥也」とみえて姻戚に当たり、徂徠が再婚した妻は佐々宗淳の姪であつた。このやうな人

的関係をみると徂徠と水戸との間に何らかの関係が成立しても不思議はないが、特に注目すべきは澹泊にとつては晩年からの交流であり、果たしてそれは何を意味するものなのであらうか。

二　安積澹泊と徂徠学派の交流（2）

本章の眼目は人的関係を超へた学問的関係であるから、以下にはこの問題を考へてみよう。まづは大内熊耳の招聘に関する一件である。この件に関しては永吉雅夫氏の「大内熊耳と水戸藩学」（『文学』昭和五十六年五月号所載）といふ勝れた論考があるから、これによつて概略をたどつておかう。

大内熊耳は陸奥三春の人で徂徠門下である。立原翠軒は熊耳の門人であつたし、門人の山野辺扶揺（豊後佐伯藩主毛利高慶の庶子）が家老山野辺氏の養子となつたりして水戸藩との関係があつた。また、平野金華は若年より相知る同郷の先輩でもあつた[4]。このやうな背景からか、熊耳は水戸藩への出仕を意図したのである。それを永吉氏は『文会雑記』（徂徠の高弟である服部南郭の門人湯浅元禎著）の左の記事から考察される。

子綽（註、熊耳の字）云、安澹泊策問三首《ママ》書テ、人ニ対策ヲカ、セラレタリ。子綽モ書レタリ。
（日本随筆大成本二一九頁）

ここにみえる「安澹泊策問三首《ママ》」が『澹泊史論』（甘雨亭叢書）所収の「擬策問三道」[5]であり、それに対する熊耳の上策が「対封建策」と「対礼楽策」ではないかとして、その対比を試みられたのであ

る。「擬策問三道」の内容を永吉氏は、

1封建・郡県体制の是非如何

2とりわけ皇子皇女奉養に関連して仏教の功罪如何

3唐虞三代の治、礼楽の規範性如何

と要約し、そのうちの二箇条（1と3）に応対するものであるとされた。そして結論として、

たとえ、澹泊文が「殿試・郷試、皆定式有り。甕牖《おうゆう》縄枢《じょうすう》（貧家の形容―註）の士の議すべき所に非ず。然れども擬すれば則ち罪無し」に始まることわり書きを持っているにしても、それは僭上の誹りへの周到な配慮なのであって、だからこそかえってその実際は、おそらく彰考館への人材登用を含意とする私的な査問だったことを、逆に推測させるではないか。ましてや、それは享保四年（一七一九）には蘐園の高弟服部南郭を水戸藩に招聘しようとしたことのある澹泊によってなされた。

と述べられたのである。十分に首肯できる見解であると私は思ふ。それでは結果はいかなるものであつたのか。氏は名越南渓宛書簡（答常藩越学士）の一節を、

独り裕、大邦（常藩、すなわち水戸藩のこと―註）に於いて、心これに饗応する者有り。嘗て一たび上策して、有司者の意に当たらず、登路一たび絶し、徒らに瀛洲《えいしゅう》（名誉ある地位―註）を望みて、蜘蹰《ちちゅ》（逡巡―註）して以て今に至る。則ち豈に遺憾無からんや。

と引き、「上策」を澹泊の作問に対するものとし、

熊耳の「対策」は澹泊の「意に当たらず」にしりぞけられ、熊耳の水戸藩への登路は閉ざされた、
というのである。

と解釈し、

だとすれば、宝暦明和期における熊耳の水戸修史、なかんずく修「志」への関心とは、自らの遂げられざる宿志を門下の翠軒や扶揺の手によって実現しようとする代行要請であった、と見ることができるのではないか。

と述べられた。最後の部分は推論の域を出ないから全面的には賛成できないけれどもさういふ解釈も可能ではあらう。

また、氏は先の引用の前に南渓宛書簡を、

乃ち謂《おも》へらく、即《も》し諸賢学士に従ひて、共に国史の台に登り、俯して歴代の群籍を窺ひ、仰ぎて先王の礼楽を談じて、以て親しく西山公の遺沢に沐《もく》することを得ば、また以て過ぐること無し、と。則ち裕（熊耳の名承裕の略—註）に於いて独り以て愉快と為すのみならんや。蓋しまた大いに慰する所の者有り。

と掲げて、熊耳の水戸に寄せる思ひにふれてゐることも注目してよいであらう。ここでの熊耳は「国史の台に登」ることを明言しており、それは単なる水戸への思ひではあるまい。問題は澹泊からみて熊耳に「国史の台に登」る資格があるかどうかである。永吉氏の解釈は否であつた。左に「擬策問三

道」中の「1封建・郡県体制の是非如何」から例示しよう。

澹泊の場合、歴史の変動要因として「勢」概念をすくいあげはするものの、易姓革命を否認する以上、いかなる権力交替をも合理化しうる「勢」の放恣な自己運動を、それさえ最終的に掣肘しているはずの、なにか歴史的実在を自国歴史過程の中に見ていたにちがいない。連綿たる皇統の持続、すなわち謂うところの皇朝主義がそれである。だとすれば、澹泊が封建郡県問題において抱えこんだ解決されるべき難問、すなわちそれをめぐる澹泊「策問」が真に意図していた課題とは、「王命に階るに非ず」、否、むしろ王命を「僭越する所」に創始されることとなったわが国封建制（その点、始発の時間に於てするかぎり、澹泊にとっても「封建は争の端にして乱の始め」であったにちがいない）を、いかに一貫した論理的整序性をもって「王命」の秩序総体のもとに支配し得るか、という、すぐれて名分論的な課題だったはずである。それこそは、まさに澹泊みずから言うところの『大日本史』の基本的な歴史構想、「皇朝百王不易之史、異朝革命之史とは違申候」（「鳩巣論賛駁語」、『近世史論集』小倉芳彦氏解題所引）を、理念上、貫徹する方途の模索にほかならなかった。

このように見てくると、自らもその中に身を置く歴史的実現の場、わが国を指して澹泊が「皇朝」と書いているにもかかわらず、それに応える熊耳が一貫してただ「国朝」という語を用いていたのは、両者の立場の相違、したがって課題の発意におけるすれちがいにとって象徴的ですらある。(6)

（傍線は梶山、以下同じ）

煩をいとはず、さらにもう一箇所を引いておかう。

ところが、澹泊にとってはまさにそのような「臣義」が蹂躙《じゅうりん》された結果として現象するという点において、わが国封建制をめぐっての思弁の意味があったのであれば、熊耳「対策」が澹泊の「意に当たらず」しりぞけられるのは、むしろ当然すぎる結果であったと言わねばならない。換言すれば、澹泊は「皇朝百王不易之史」という歴史構想への組込みの中で、すなわちその名分論の貫徹にとっては最大の隘路となるはずの武家による政権奪取の象徴的事例として、封建・郡県を発問していたのである。にもかかわらず、熊耳は問題をそうした澹泊の発意のままにはうけとめなかった点で、かえって徂徠学の徒としての自己をそれなりに示したのではなかったか。

続いて「3唐虞三代の治、礼楽の規範性如何」に関しての永吉氏の解釈を例示しよう。

自国の独自性、さらには漢土に対する優越性をきわめて観念的に述べる観点なら、熊耳「対礼楽策」にも指摘し得る。徂徠学の徒としての、時世と風俗との差異に対応する礼楽の損益という認識は、熊耳をして次のような極論を展開させるまでに至るのである。

すなわち、唐虞三代の礼楽に比較したとき、当代礼楽の不備は覆うべくもない事実だろうが、それを熊耳は「孔子曰く、礼は其の奢らんよりは寧ろ倹せよ、と。是れ（当代礼楽の状態—註）偶然と雖ども、能く聖人の言の合ふ者と謂ふべし」を以て、強引に正当化してしまうのである。しかもその前提たるや、「況んや我が邦の人、節倹天性、夸毗《こひ》（人にへつらい従うこと—註）を好まざる」

性質を持しているという、自己確信的な、したがって観念的な独断にすぎない。確かに似よりの観念性が澹泊にも見られないではない。「風気剛勁、士、廉恥を尚ぶ」。しかし「皇朝百王不易之史」、連綿たる皇統がひとすじ歴史過程を縦貫して自己実現してゆくという歴史構想の中では、それは仮設された当為である一方、所与でもあるという意味を持っている。封建制をめぐる澹泊「策問」が、名分論的弁証に彩られるゆえんである。熊耳にそのような観点は無縁だった。だとすれば、

帝里中葉と雖も万古一姓、服色易へず、以て百世に共主たるや、百官の富、衣冠の美、廓廟朝廷、礼楽文物の盛んなる、今に至りて巋《き》として存すること有り。（『文集』巻六、送南部小野孟鉉游西京序）

この澹泊「皇朝」主義に一見通いあうかの熊耳の言辞も、自国の独自性についての認識ではあっても、その歴史過程が「万古一姓」の皇統の示現を以て原理づけられるものと意識されていたとは、およそ考えられない。

引用が長きに失したが、特に傍線部に留意していただきたい。永吉氏は澹泊と熊耳の歴史把握の相違を認められてゐるのである。換言すれば、氏は水戸学と徂徠学の違ひを明確に指摘されてゐるといふことでもある。澹泊からみれば熊耳を史館の一員に加へることができなかつたのであり、それはあるいは先に引用した服部南郭を招聘しようとしたこととも通ずるかもしれない。南郭を招聘しようとしたのは澹泊自らであつたが、結果は不首尾に終はつてゐたからである。後年ではあるが澹泊を非難

したり、文学的遊戯の世界に浸つてゐた南郭であるから水戸とは相容れなかつたといふこともできよう。南郭に代はつて水戸に招聘されたのは後総裁に任ぜられる依田処安であつたことを付記しておく。(7)

三　安積澹泊と徂徠学派の交流（3）

澹泊が平野金華と交流があつたことはすでにふれたが、三十二歳も年下の金華に放蕩癖があつたことを知つてか知らずかその交流は密であつたといへる。(8) ここで言及しようとするのは、享保九年の「謝平玄中書」といふ書簡である。澹泊から金華に宛てた四通の中ではもつとも早いものである。この書簡は「義公の祖述者としての澹泊」を窺ふものとして注目されたのは名越時正氏である。(9) この書簡に修史の精神をみることができるからである。やや長くはなるけれども、左に名越氏の要約を掲げてみよう。

一番困難だつたのは史料の不足不十分で、最も頼るべきは日本書紀以外にない。それは支那の歴史からも材料を採つてゐる上に筆力雄健、他書の及ぶ所ではない。続日本紀以下は日々の出来事を記しただけである。しかし繁雑だが事実に於いては他に求むべくもない。日本後紀は完本が無く類聚国史の中にわづかの断片を見るのみだ。本朝世紀も散逸してしまつてゐる。水鏡・大鏡・栄花物語の類は和文で難解である。王臣家の系図や日記は歴史の空白を埋める史料である。

義公は修史に当つて厳格な法を立て、文章の修飾よりも実事に即した着実な記述を貴び、常に史臣を戒めて言ふには「皇朝の史を編修することは汝等史臣だけで出来ることではない、後世必らず良き史家が出て、これを完成してくれるやう期待すべきだ。だから寧ろ繁に過ぎてもそれは簡に過ぎるより良い。寧ろ地味であり過ぎても飾り過ぎるより良いのだ。毎事必ず出所出典を註記し、領域を越した立論は慎まねばならない。大空を羽ばたくやうな筆法は最も良くない。お化けを描くのは易しく、犬や馬を描くことは難しいことを反省すべきである」と教へられた。いはば、ここまでが前半で序論の部分である。後半はいよいよ本論に入る。

しかし、さうは言つても義公の論法には卓然として不朽のものがある。南北朝正閏の如きがそれである。天子としては両朝何れも後嵯峨天皇の御子孫であるのだから、公は決して私心を以つて軽重を附けたのではない。明徳三年に神器が南から北に帰御した処を以て判断を下したのである。その他興替盛衰については充分考察を尽された。神功皇后を后妃伝に列し、大友皇子を帝紀に掲げたことは世の驚く事だが、それは必ずしも義公の創見ではなく日本書紀に基づいた迄である。ただ書紀の書法では応神天皇六十年間の事が空白になるから、神功皇后摂政何年といふ風にしたもので、摂政は勿論天皇として即位したのではないことをはつきりさせたのだ。大友皇子の即位説は既に懐風藻や水鏡に明文がある。日本書紀に明記してないのは編纂主任の舎人親王が父天武天皇の行動を直筆し得ない気持があつたからだ。後世の人が大友皇子を叛臣として将門や純友と同じ扱ひをするのは大きな誤りではないか。義公の特筆は、事実を挙げて道義を正し、名分を明かにしようとしたからである。

降つて中世（延喜・天暦以後）になると外戚が朝廷の大権を竊み、倫理も風俗も紊れ、姦邪の臣が忠誠の臣にとつて替り、遂には陪臣が天皇の廃立を敢へてし、恐れ多くも遠島に遷し奉るごとき未曾有の大変が起つた。これらの事は必ず由来があるのだから、事に拠つて直筆し善悪自ら明らかになるやうにするのが大日本史の方針である。だから世人は此の書を読んで義を知るやうにすべきであつて、秘蔵して公開しないのは義公の志ではない。数百年間の汚隆盛衰を掌上に示すごとく、大日本史が世に活用される日は決して遠くはあるまい。これが昭代の亀鑑とされ、乱臣これを読んで革命の野心を捨て、賊子これを読んで反逆の輩絶滅するに至れば、これまさに義公の願ふ所なのである。（一三八〜一四〇頁）

この要約をみれば、まさに義公の薫陶を受けた水戸学派の一員としての澹泊の真骨頂が溢れてゐるといへよう。今はこれが享保九年のことであり、直接に徂徠と接する以前であつたことを確認しておかう。

四　安積澹泊論の是非

澹泊論といへば、真つ先に取り上げねばならないのは松本純郎氏の『水戸学の源流』に収められた「安積澹泊に就いて」といふ論文である。その中で松本氏は徂徠との関係にふれて澹泊が「驚くべき謙虚な、寧ろ卑屈な態度をと」り、「徂徠の学を賞揚し」て「完全に徂徠の為に眩惑せられて了つた」ことを論難されたのである。特に、

天子に対し奉つてのみ用ひらるべき言葉が、平然として将軍に用ひられて憚られないのは、実に幕府を「天」として仰いだが故に他ならぬ。此の点に於いては澹泊は経学に於ける彼のひけめの如きは問題でなかつた筈である。粒々辛苦してきた大日本史正名の精神が、真向からその威信を問はれる危機に面してゐたのである。然るにこれに対する澹泊の答は丁重慇懃を極めてゐた。

として、晩年の澹泊が「精神的低調を示すに止まつてゐる事を、否定する訳には行かないであらう。」とされるのである。

そしてさらにその実例として『烈祖成績』二十巻を指摘されるのである。『烈祖成績』は藩主成公宗堯の命によつて編纂が開始され、澹泊が独力で完成した「神祖」徳川家康の伝記である。氏は巻十四の慶長七年六月十一日の条にみえる記事に「武将革命」とあることを非難した後に、享保十七年五月二十一日の寒川儀太夫宛の書簡の一節である、

頼朝卿天下之総追捕使を被願候段全く為自己にて朝廷是より致衰廃候。忠臣にて可有之様聊無之事に御座候。然共今日我々とも身持之為には好き事を被致置候

を引いて、

私は頼朝に対する批判の正否を云ふのではない。頼朝を不忠の臣と断じながら、然もそれに寄り

縋る彼を問題とするのである。彼は朝廷と幕府との対立を意識してゐる。さうしてその意識の上に立つて明らかに幕府側の人である。唯一絶対の皇統を中心として歴史を書き、現実を規正しようとした大日本史の精神は、ここに完全に死んでゐる。論賛の精神ですらが死んでゐるのである。論賛には弁明せらるべき根拠があつた。ここには矛盾だけがある。不忠の臣を不忠の臣と知りながら、そこに模範を求める道義的矛盾を犯しつつ、然もなほ彼は生きてゐる。かくして彼は遂に大日本史編纂の史臣たるの誇りを捨てた、私はかく悲しくも断ぜざるを得ないのである。ここに於いて逆に荻生徂徠の暴言を許し、鳩巣・白石と交はつた彼の態度が、明らかに卑屈な世俗史家の本領であつたことをも認めざるを得ないであらう。（二七四頁）

と厳しい見解を寄せられてゐる。

これに対して吉田一徳氏は『大日本史紀伝志表撰者考』に澹泊を弁護された。すなはち、

松本氏は安積の徂徠に対する謙虚な卑屈な態度を取り上げて非難の槍玉としているが、これは謙虚人に下り、朋友に対しては恭敬の誠を失わなかった彼の性格の発露であって、之を非難するは毫も当らない。（二一五頁）

とし、さらに、

松本氏は国体を解しない学者との交わりに於いて、澹泊は精神的低調を示すに止まっているといわれたのは根拠なき空言と解すべきであろう。安積の天性謙虚で人に下るの性格と、史館学徒の

正名精神に対する時勢の変とを考慮に入れなければ、安積の本質を見失う虞があるのではあるまいか。（二一六頁）

と述べられるのである。また、松本氏も引かれた寒川儀太夫宛書簡の同じ箇所を掲げて、

源頼朝は忠臣ではないが、今日我々ども身持のためにはよい事をして置かれたとは幕府創設を肯定し、武家政治を是認していると解される。義公の尊皇思想を拡充すれば、究極の所武家政治否定に帰着すると曲解する学者の考え方からみれば、安積の史論は水戸史学者としてはぼけていると解されようが、水戸史学の創設者である義公光圀は幕府を是認している。つまり幕府は天皇の御委託をうけ、天皇に代って政務を執っているというのが義公の考え方で、安積が頼朝の武家政治を肯定したのは義公精神と相通ずる。（二一八～二一九頁）

と解釈されるのである。

このやうな両氏の論に対して名越氏は前掲『水戸史學先賢傳』中の論文で松本氏はやや酷に過ぎ、吉田氏は寛に過ぎる感があると評されてゐるが、当を得た見解であると思ふ。さらに重要なことは澹泊に栗山潜鋒のやうな神道的基盤がほとんどなかつたと指摘されたことであり、また光圀や潜鋒の没後澹泊の名声は上がつたが水戸史学の純粋さが徐々に失はれた嫌ひがあつたことや幕府側の学者に対する態度には謙虚さの反面妥協的傾向を感じさせるものがあつたことをふまへながら、

実際徳川幕府権力に対する阿諛の念があればこそ、前に述べたやうに史的批判に曖昧さを露見し

てゐることは見落せないことである。それは中期の水戸学派の停滞と恐らく無縁ではあるまい。（一四四頁）

と述べられたことである。私にはほとんど付加するものがないけれども、わづかに『烈祖成績』の序文についてふれるのみである。

五　『烈祖成績』の序文と安積澹泊の思想

『烈祖成績』の序文は甘雨亭叢書の『澹泊史論』に収められてゐる。この文章は我が国の歴史の概略を述べる中に「神祖」家康の事績を位置づけたものであるが、私が注目するのはこの文に「尊王」の文字が六箇所みえることである。そのうちの四箇所は冒頭の「春秋之義。尊王為大」から始まって前半部にみえるが、あとの二箇所は末尾の部分にみえる。六箇所のうち四番目以外はすべて尊と王の間にレ点を挿入して「王を尊ぶ」と読ませてゐるが、文字使ひに差があるわけではなく同一の意味として用ひてゐる。しひて言へば冒頭の使用例が一般的な意味での「尊王」であり、他はすべてわが国の天皇を尊ぶの意としてよいのである。そこで、一例として末尾の部分を掲げてみよう。

臣の瑣微、あに敢へて管窺蠡測《れいそく》、而して盛業を闡揚せんや。唯王を尊ぶの義を繹《つ》ぎ、以て巻首に弁するのみ。王を尊ぶは太平の基を開き、而して義公粛公の蒙士を訓誨する所以なり。臣も亦竊に与《あづか》り聞けり。

ここにみえる「王を尊ぶ」とは義公と粛公によつて導かれた水戸の尊王のことであり、それを澹泊が「竊に与り聞」いたといふのである。もし「臣も亦竊に与り聞けり」といふのが単なる修辞でないとしたら極めて重大なことではあるまいか。何故に「竊に与り聞けり」なのか。それは「尊王」の真意が表面的なもの以上の意味が含まれてゐたからなのではあるまいか。

実はこの序文には日付がある。『澹泊史論』収録文にはみえてゐないが、茨城県立歴史館所蔵写本には、

享保十七年歳次壬子臘月穀日

と記されてゐるのである。享保十七年といへば徂徠すでに亡く、金華もまたこの七月に世を去つてゐたのである。したがつて、この文を認めるに何ら徂徠学派に阿る必要はなかつたと考へてよい。ただ、「神祖」家康の伝記本文はすでに完成してゐたと思はれるので、松本氏が指摘されたやうに「武将革命」のやうな曖昧さを残す本文が残存したのではなからうか。

いづれにしても、この序文は先の「謝平玄中書」と同様に「義公の祖述者としての澹泊を知る」（前掲名越氏論文）ことのできる一文ではなからうか。ただ、「謝平玄中書」以後の本格的な徂徠学派との交流が『烈祖成績』の曖昧さをもたらしたといへるかもしれない。

ところで、先にふれた大内熊耳招聘の一件であるが、これも拒否といふ結果からみると徂徠学に内在するものと水戸学的なものとの相違を澹泊が認識してゐたことの表れとみることができよう。そしてこの一件が享保十三年以降のこととすると、(10) 少なくとも平野金華との交流は密であり（享保十七年

まで)、『烈祖成績』の序文もこの時期に相当することとなる。さうすると、やはり澹泊は「義公の祖述者」としての側面を維持してゐたといふこととならう。

もう一例をあげてみよう。元文元年の冬、八十一歳の時に史館の後輩に与へた「検閲議」である。いはゆる元文検閲本の校訂吟味のための指針であり、義公の修史方針と先輩諸氏の苦心を明らかにしようとした一文となる。藤田幽谷の『修史始末』にはこの「検閲議」を引いた後に次の按文がみえてゐる。(11)

享保以来、古文辞の学盛んに江都に行はれ、天下を風靡せり。この時に当たつて、本館新進の士、亦或いはかの惑はす所となる。故にその文章を論ずるに、古人用意の勤を究めず、輒《たやす》く改竄せんと欲す。老牛先生の昌言、これを排する、亦宜ならずや。

「古文辞の学」はいふまでもなく徂徠学であり、「老牛先生」は澹泊である。してみると、幽谷は最晩年の澹泊に「古文辞の学」の排斥をみたわけである。

ところが、である。澹泊が徂徠学に毒された曖昧さを持つといふ一面を払拭することができないのである。ただ、必ずしも自らはさうした意識はなく、澹泊にしてみれば忠実に義公の遺志に則つてゐるつもりであつたのではなからうか。それでは何故に誤解が生じたのか。あるいはどこに欠陥があつたのか。おそらくそれは澹泊が義公の敬慕を過大に解したところからくるものであらう。御三家の当主である以上幕府を尊重しないはずはあるまい。その幕府尊重をあまりに大きく見過ぎたのではあるまいか。それが源義朝・頼朝父子の取り扱ひにも表れてゐるのではなからうか[12]。一方では、義公には尊王の精神も顕著だつたわけであるから、何故にこれほどの尊王を説き、実事に施したのか、といつたことに対しての理解が不足してゐたのであらう。たとへば、次のやうな一節をみてみよう[13]。

此記録編集之事、成功仕候迄ハ其御地ニ而少モ御沙汰無之様ニと奉願候、関東方ニ少々遠慮之子細共有之候

「此記録」は「礼儀類典」、「関東方」は幕府を指す。ここにみられる「遠慮之子細」が何故に生じるのかといふやうなことへの理解不足があるのではないか。さらに言へば、近侍してゐたにもかかはらず澹泊には「主君」と「宗室」の分別において徹底さに欠けるところがあつたのではないかといふことである。

このやうにみてくると、『烈祖成績』の序文は重要な意味を持つてゐるけれども末尾に「竊に与り聞けり」と記した意図と実際の澹泊の思ひとの間には若干の乖離を認めなければならないであらう。

をはりに――安積澹泊の徂徠学派接近の意味――

以上、澹泊と徂徠学派との交流の一端をみてきたが、何故澹泊は徂徠学派との接近を図つたのであらうか。まづ、澹泊の接近が晩年から始まつてゐることに留意しなければならない。とりわけ総裁辞任後であることを考慮すれば私的な接近といふことにならう。勿論私的なことであるから個人的な好

尚があつたかもしれないが、当時の編纂事業の進捗状況との関連も考へられるのではなからうか。

冒頭に掲げた年譜からも知られるやうに総裁辞任の翌年には『大日本史』紀伝が完成し、「論賛」を執筆し終へた後は義公の意図通りに志表に取りかからねばならない時期に入つてゐた。事実、澹泊自ら志の執筆に着手してゐたのであるが、思ふやうには進捗しなかつたのである。そこで、志編纂の促進を図るために徂徠学派との接近が試みられたのではないかといふ解釈の余地があらう。[14]しかも、徂徠学は制度重視の性格を持つ学問だつたからであり、[15]当時の学界における徂徠学の隆盛が際だつてゐたからでもある。澹泊にしてみれば、文才豊かな徂徠学派によつて志編纂を進めようとしてゐたのではなかつたらうか。さうしてみると、天保九年の「謝平玄中書」は澹泊からの徂徠学派への教化といふ側面を認めることができるのではあるまいか。[16]結果としては南郭も熊耳も史館の一員となることはなかつたけれども徂徠の学統に連なる人物が入館したことは確かである。徂徠学派への接近・交流が水戸学派にとつて幸ひであつたかどうかはにはかには判じがたいが、澹泊と徂徠学派との関係をたどつてくる時少なくともその大きな影響を認めることはできない。

このやうにみてくると、藤田幽谷が澹泊への批判を有しつつも「検閲議」に添へた按文は水戸学と徂徠学との関係を考察する時看過できない重要な意味を持つであらうし、[17]かつ「検閲議」そのものを通して最晩年の澹泊には非徂徠学的なものをみてとることができよう。しかもそれは、徂徠学への接近の修正を意味するものであつたのではなからうか。[18]

註

（1）たとへば岩橋遵成氏・松本純郎氏・吉田一徳氏・薄井己亥氏・名越時正氏等をはじめ、以下に言及する先学である。

（2）以下は主として平成十四年度水戸学講座『水戸の文籍（前期）』所収久野勝弥氏「安積澹泊と『検閲議』」と『耕人』第二号所載秋山高志氏「安積澹泊と徂徠学派」を参考とさせていただいた。なほ、岡井孝先については秋山氏『近世常陸の出版』一八〇頁以下を、その他水戸との関係については同氏『水戸史学』第六十号所載「文人名越南渓について」を参照されたい。

（3）澹泊宛書簡（第三書）の冒頭に「岡君致足下前月書」とみえるが、この岡君は宜汎であらうから例証の一つとすることができよう。

（4）『文会雑記』巻之一に「子綽云、予ハ奥州三春ノ人ナリ。金華ト同郷ナリ。金華ハ幼少ノ時逢タリ。」とみえる（日本随筆大成本二一八頁）。

（5）「擬策問三道」は続々群書類従巻十三所収の「澹泊斎文集」には収められてゐない。

（6）「国朝」といふ使用例は後に言及する『烈祖成績』の序文にもみえるから、永吉氏の指摘を重視することはできないだらう。

（7）『文苑遺談』巻之二の安積覚の項に「晩年欲薦南郭服元喬為館職、元喬亦有応薦之心、既而当路挙依田処安」とみえ、依田処安の項末に「当時捨南郭而取処安」とある。日野龍夫氏『服部南郭伝攷』によると、享保四年に澹泊は南郭の境涯を知り招かうとしたが南郭は一端辞退した。その後「旧知の彰考館の吉田慎斎や今井桐軒が熱心に勧めるので気持ちが動き、翻意して澹泊の厚意を受けることにしたが、その時はすでに遅く、彰考館から代りの者が選ばれた後であった。」（一三四頁）といふ。

ところで、南郭の澹泊批判等は『文会雑記』に散見するが、一例を引いておく。

烈祖成蹟ト云書、安澹泊ノ著述ニテ、守山侯序ヲ書キタマフト也。南郭、守山侯ニ代リテ書タマヒタリキ。其後神祖遺事ヲ澹泊書レタリ。チヨト見タリ。中々史筆ヲトルホドノ文章ニハアラズ、ト南郭語ラレタリ。（日本随筆大成本一九四頁）

また、栗原茂幸氏「藤田幽谷の思想――後期水戸学の形成――」の註（23）に、

幽谷を含めて後期水戸学への徂徠学の影響はつとに指摘されていることであるが、今なお実証的研究は乏しい。大内熊耳をとりあげた最近の研究、永吉雅夫「大内熊耳と水戸藩学」（『文学』一九八一年五月号）においては、「徂徠自身よりはあきらかに自国上古の神々への傾斜を有する熊耳の修「志」への関心は、結果として、神代史の意味づけへむけて水戸藩学の思考の水路を大きく切りひらいたのではなかったか」（一〇〇頁）（傍点、引用者、以下同じ）とされているが、「結果」を言うにあたっても、幽谷ら修志に携わった人々に対する熊耳の影響を直接に論じなければならないであろう。

と述べられたのは首肯できることであるが、「乏しい」といふよりは全くないといってもよいであらう。また、神代史に関しても義公の考へ方を受け継いでゐることは『藝林』第五十一巻第二号所載「「水戸学」の連続性について――前後期「断絶」論批判――」（本書第五章）において言及した。

（8）『文学』昭和四十八年八月号所載野口武彦氏「平野金華の位置」には「大酒飲みで、逆説家で、皮肉屋

で、奇行家で、時には大いに破目をはずし、そのくせ正義派で人情もろいところのある金華の人となり」とみえてゐる。

(9)『水戸史學先賢傳』所収「澹泊安積覚」。なほ、この書簡は他の三通とともに「澹泊斎文集巻八」に収められてゐる。

(10)秋山氏前掲論文。

(11)『幽谷全集』一一〇頁及び『水戸史学』第十三号口絵写真解説。

(12)拙稿『藝林』第五十一巻第二号所載「「水戸学」の連続性について——前後期「断絶」論批判——」を参照されたい（本書第五章）。また、吉田一徳氏の義公精神に通ずるとする澹泊評も幕府尊重を過大に見る傾向にあり（引用部分参照）、その点の修正が必要と私は考へる。

(13)『水戸義公全集下』三九四頁。今出川内府宛書簡の追啓の部分。

(14)秋山氏前掲論文。なほ、この論文は本題を考察するのに示唆に富むところが多い。私はその根拠として「書重修紀伝義例後」（『澹泊斎文集』巻一）にみえる、いはゆる三難二要の一つ（三難の三つめ）として礼楽祭祀の典や官職位階の制などに関する知識が必要と述べてゐることを指摘してよいと思ふ。その知識の不足が澹泊を徂徠学に注目させることとなつたのではないかと推察するからである。

(15)拙稿『水戸史学』第五十七号所載「水戸学と徂徠学——尾藤正英氏の所論に寄せて——」（本書第一章）を参照されたい。

(16)本章冒頭の年譜には秋山氏の前掲論文によつて金華宛書簡を掲げてゐるが、甘雨亭叢書の『澹泊史論下』には「復平玄中書」といふもう一通同名の書簡が収められてゐる。この書簡には「烈祖成績」編纂のことがみえるから五通の中の最後に位置するであらう。なほ、「寄平玄中書」以外は修史や史論に関するものであることも示唆的である。

さらに一言しておけば、野口氏は前掲論文において『南郭稿序』を引き、わが国の皇祖皇宗が大東の国を開いたときから、すべての文物があらかじめ備わっていたと主張しているかのごとくなのである。しかも金華は、漢土を目して「夫ノ堯舜教ヲ設ルノ国、簒弑常ト為シテ反覆恥無シ」と論評している。まだ国体意識とは呼べないまでも、易姓革命を常態とする中華とかつてそれを知らないわが国とは国情が違うという発想が頭を抬げているのである。と述べ、『寿安澹泊七十序』の「神武創《ハジ》メテ皇極ヲ鋳、天統丕《オホイ》ニ承ケ、一姓以テ無窮ニ伝フ。衆隷之ニ頼《ヨ》リテ命ニ即ク。（以下引用略）」を引いて、中華の易姓革命とわが国との対比に言及されてゐるが、これは金華が徂徠学派中の注目すべき存在であることの証左としてよいであらうから、澹泊が金華と交流したことには何らかの意義を見出すことができると思ふ。

（17）幽谷の徂徠学批判形成については『日本歴史』第六六七号所載の拙論「『正名論』成立の時期」（本書第十章）を参照されたい。

（18）澹泊の修史における重要な役割の一端は「寧ろ繁なるも簡に失すること勿れ。寧ろ質なるも文に過ぐること勿れ。」といふ義公の指示を伝へたことに窺はれるが、この指示は「書重修紀伝義例後」「謝平玄中書」そして「検閲議」にみえるのである。この義公の指示を澹泊が史臣に伝へ、徂徠派に説き、最後に史館の後輩に遺した経過は志編纂との関係をふまへれば徂徠学との関係を暗示するものがあるのではなからうか。なほ、この指示は藤田幽谷の「校正局諸学士に与ふるの書」にもみえてをり、『修史始末』の記述と関連するものがあらう。蛇足ではあるが、「引文は巻八の「謝平玄中」に見える」といふ日本思想大系『水戸学』の頭注は正しくは「書重修紀伝義例後」であることを付記しておく。

補註

『文苑遺談』巻之三の小宮山昌嶠の項に昌嶠（号桂軒）を説明して「安澹泊称其文章。呼為宮詞宗」「澹泊集有答宮詞宗啓。称為時流峻傑。後進英髦。蓋有所見而言之也」「在館僅十五年。其所編修有音楽志」とあるところからして、澹泊は昌嶠の文才を評価して音楽志の編修に当たらせたことが窺へる。昌嶠は享保五年に入館し、同十九年に没したのであるから、その時期に澹泊が徂徠学派と接近しつつあつた訳である。また平野金華が昌嶠を「是則貴藩之珍。無所彷彿於異国之文也」と評してゐたことも合はせてみれば、澹泊が単なる好尚のみで徂徠学派に接近したとは思へない。そこには志編纂への飽くなき思ひが込められてゐたとみるべきであらう。なほ、河合正脩の「芸文志」には不備との評価がともなふが、やはり澹泊の同様な傾向を見て取ることができるのではなからうか。

第十章　『正名論』成立の時期

一　十六歳説と十八歳説

『正名論』は藤田幽谷の学問形成上の重要な著作であるばかりでなく、後期水戸学の濫觴とも成し得るものである。その成立の時期に関しては従来二説があり、近年でも相変はらず対立してゐるかの如くである。以下には、この問題を考へつつ幽谷の学問形成の一端に迫つてみたいと思ふ。

従来の二説とは寛政元年の十六歳説と寛政三年の十八歳説をいふが、わづか二年の差違でしかない。しかし、これは幽谷の学問形成を考へるに当たつては極めて重要な問題なのである。まづ、寛政元年説は子息東湖の「先考次郎左衛門藤田君行状[1]」にみえる、

明年寛政紀元。従立原先生。游江戸。始与柴野彦輔・吉田坦蔵・大田才佐等相識。英名藉甚於都会。居月余帰家。亡何幕府執政白河源公聞君之名。欲観其文辞。人或謂君曰。子天材絶倫。非一国之器也。苟欲獲膴仕。莫事幕府若焉。今白河侯新為政於江戸。務抜擢人材。而求子之文。千載一時。不可失也。君笑而不答。廼著正名論。述君臣之大義。以応之。白河侯蓋原有意於聘君。及

正名論出。事遂寝矣。（二一〜二三頁）

がその根拠かと思はれる。一方、寛政三年説は「幽谷先生次郎左衛門藤田君墓表」、（『幽谷全集』では「幽谷先生藤田君墓碑」）に、

幕府執政白河源侯聞之。求観其文辞。先生為著正名論。以道君臣之大義。時年十八。（一五九頁）

とみえ、「幽谷藤田先生墓誌銘」に、

十八。幕府執政白河源侯。聞其名。欲観其文辞。先生為著正名論。（一五一頁）

とあるによるのであらう（ともに会沢正志斎(2)）。年代か年齢が異なるだけで記述は類似であるから成立の状況に誤りはない。それでは一体どちらを取るべきなのであらうか。

実際には寛政三年説が確定してゐるといつてもよいほどなのである。それは瀬谷義彦氏が日本思想大系『水戸学』の解題で、

その成立年代については、「水戸流芳遺墨」（昭和三年七月発行、東京青山会館における展示会に出陳された水戸藩の学者・志士等の遺墨写真集）に、その一部が掲載されている幽谷自筆稿本の奥書によって、寛政三年十月十四日であることは明らかである。（四七三頁）

と述べられてゐることや、名越時正氏が『水戸学の研究』(3)（二六六頁）に、

寛政三年辛亥冬　十月十四日　藤田一正稿

といふ奥書を紹介されたことによつて疑ひがないのである。したがつて、正志斎が墓誌銘に記載した

年代が正しいのである。そもそも、幽谷十八歳の時に入門した正志斎が間違ふはずがないといふべきであらうし、菊池謙二郎氏も『幽谷全集』の纂輯旨趣に「十八歳の作」と明記し、さらに『正名論』本文の表題のところにも「寛政三年辛亥十月。時年十八」と記されてゐるのである。だから、十八歳説は自明のはずであるが、現実には十六歳説を主張する向きがみられるのは何故であらうか。

二　二説成立の根拠

十六歳説は前田香径氏『立原翠軒』所収の岡沢稲里氏「立原翠軒年譜」、杉田雨人氏『長久保赤水』、西村文則氏『藤田幽谷』などにみられるが、近年では西尾幹二氏による『水戸学集成』リーフレットの紹介文「天才少年のロマン」がある。また『日本思想史講座』5に収録の小沢栄一氏「近世歴史思想の諸相」では「一八歳の作文である」としながらも「東湖の伝えるように、また高山彦九郎との面会から寛政元年だと一六歳」（八二頁）と注記されてゐる。これらが根拠とするのは必ずしも明確ではないが、先に掲げた東湖稿するところの「先考次郎左衛門藤田君行状」にあるらしいのである。それは、先の引用からも知られるやうに行状では『正名論』成立の事情が「寛政紀元」すなはち元年の記載後に記されてをり、しかも引用箇所のすぐ後に「二年庚戌」と続くから、これ以前の記述が元年のことと判断されたと考へられるからである。瀬谷氏も先の解題に「記述がいかにも寛政元年と受け取れるように思われることである」（同前頁）と記されてゐるのは、その辺の事情を推察されたからであらう。瀬谷氏はそれ以上の言及をされてゐないが、何故に「受け取れるように」記されたのかといふことに『正名論』成立時期の探究の鍵があるやうに思はれる。

　そこでまづ行状を検討しよう。その成立は末尾にみえるやうに天保六年五月である。この年東湖は三十歳で神道研究に従事してゐた頃であるが、多忙だつたとはいへ学究的な一面を生活に持つてゐた時期なのである。したがつて、『正名論』成立の時期を誤るやうな環境にはなかつたし、行状末尾には正志斎の墓誌にふれてゐるほどであるからその充分な検討を経た上での作成と考へてよいのである。また、父のもつとも重要な著書の成立を蔑ろにするやうな東湖ではなかつたと思はれるのである。

　さて行状にはいくつかの年代が記されてゐるが、その年代に関連する記載は年数と干支の組み合はせによつてをり、たとへば「天明八年戊申」のやうな記載を基本とする。冒頭の箇所にみえる「以安永三年二月十八日」や文化二年の条の「至九年壬申□《ママ》月」の記載はこの例からは除外できるが、問題は天明八年の後の「明年寛政紀元」や「二年庚戌」の後の「明年辛亥」の例である。このうち「紀元」といふ記載は他に「享和紀元」があるが、いま検討しなければならないのが「明年寛政紀元」であることはいふまでもない。この箇所は冒頭に引用したが、年齢の記載と合はせてみると「享和紀元」の場合はその後に「君年二十有九」とあるから「寛政紀元」と同じではない。「明年」についても干支との組み合はせでみると同様ではなく、他と比較した場合「明年寛政紀元」の後の記載が必ずしも独立した条とはいひがたいところがあるのである。それが「受け取れるように」と指摘された瀬谷氏の根拠であらう。そこでもう一度「明年寛政紀元」以後の記載に注目してみなければならないが、その前に行状全文の構成をみておかう。年代記載状況からみると次の十一項目に分けることができよう。

①君諱一正～（生誕と幼少時）
②天明八年戊申～（彰考館採用と正名論）
③二年庚戌～（父安善の逝去と服喪）
④七年乙卯～（立原先生との上京）
⑤八年丙辰～（自宅下賜と幽谷号）
⑥九年丁巳～（結婚と時務論・建策）
⑦享和紀元～（青藍舎と修史）
⑧文化二年乙丑～（郡奉行）
⑨十年癸酉～（修史）
⑩十三年丙子～（大津浜事件）
⑪九年丙戌～末尾（最期）

それぞれに長短はあるが、まづは「明年癸亥」の記載を含む⑦を検討してみよう。⑦は問題の②とほぼ同じ分量の箇所である。「明年癸亥」以下は享和三年の内容であるが、この条では冒頭に「享和紀元」とみえるのみで「二年」といふ記載がない。実は「君年二十有九」が青藍舎を開く二年のことであり、いはば「君年二十有九」は「二年」といふ記載の代はりになつてゐると考へてよい。「享和紀元」を基準とすれば、「明年」は壬戌でなければならないからである。だから「明年癸亥」で文を分けてしまふと理解が困難になるのである。

これと同様のことが②でもいへるのである。要するに、この箇所も一括してその内容で判断しなければならないといふことである。それは「明年寛政紀元」以後の記載がすべて寛政元年の内容とは限定されないといふことを意味する。③にも「明年辛亥」とみえるが、やはり分けずに文公の関連記載で一括した方がよいと思はれる。さうすると、編年順に書かれてゐるとの思ひ込みが寛政元年説を生み出したといへるのではあるまいか。

ところで、記載されてゐる語句の解釈から寛政三年を導き出されてゐるのが安見隆雄氏である。(4) 安見氏は「居月余帰家。亡何」に注目して「月余」と「亡何」が対句であり、「月余」が江戸に向かつた六月十六日から水戸に向かふ十月七日の四か月とすれば「亡何」を数年の意味に解することができ、さうすれば二年後の寛政三年としてよいとされる。さらに「正名論の呈出が江戸滞在と関連があるとして文脈の面からここに併記したもの」(二五八頁)とも述べられてゐる。

三　十八歳説の背景

次に、寛政三年の成立でなければならないことは内容からも証明されるので若干の言及を試みよう。

その一つは『幽谷随筆』との関係である。『幽谷随筆』は巻之一の末尾の記載によって寛政二年五月四日に起筆し七月八日に脱稿したものであるが（巻之二は三年にかけてであらう）、その十一条目に注目するのである。安見氏によれば次のやうな対応がみられるといふ（幽谷随筆→正名論、二六八頁）。

自鎌倉氏開莫府於関東→鎌倉氏之覇、開府於関東
将軍之於天朝未嘗有敢失其臣礼者也→将軍の字を削除し、豊臣氏のこととする
朝諸侯、覇天下→控制四方、鎮撫天下
天子臣将軍、将軍臣諸侯→幕府尊皇室、則諸侯崇幕府

このやうな字句の変更は安見氏の説かれるやうに名分上から判断決定されたものであらうが、そこに幽谷の学問の進歩が窺へる。その間は一年三か月になるが、もしこれが逆に『正名論』から『幽谷随筆』へと変更したとすれば、幕府との妥協へ進んだといふことにならざるをえないであらう。『幽谷随筆』から『正名論』へと進んだとみることによつて、これらの改変の真の意味が理解できるのである。ただ、寛政二年三月の「送原子簡序」には義公を讃へて「帝室を尊び以て覇府を賤しみ、天朝を内にして以て蕃国を外にす」（『幽谷全集』二六五頁、原漢文）と記してゐるから後述の高山彦九郎が「能ク義に通ず」と叙する一端を窺ふことはできよう。

二つめは寛政元年の「答木村子虚」といふ一文である。この文章は正月八日に受け取った木村子虚（すなはち謙次）の書千四百有余言に対する返書であり、二千二百字を超へる。その中から注目すべき箇

所を抽出してみよう（同二三九〜二四三頁）。

本邦文明。豪傑之士。継踵比肩。勃然而起。伊仁斎・物徂徠之徒。為之巨壁焉。学者多称仁斎・徂徠之徒。誉者或過其実。毀者或損其真。鈞之皆非也。

とし、子虚が仁斎を「瑚璉之器」、徂徠を「朽木糞土」と評したことに対して「彼二子。其材徳雖殊。亦皆所謂豪傑之士也」としてゐる。

夫有悍窩・羅山。斯有藤樹・熊沢。有藤樹・熊沢。斯有仁斎・徂徠。有仁斎・徂徠。斯有家言雑学。種種之説。是皆時運之使然也。何独咎仁斎・徂徠也。

と述べた後に太宰徳夫（春台）を子虚が「狂人之党」としたのに対して「豈謂其党徂徠邪。亦何貶之之太過也」としてゐる。

蓋仁斎始錯綜六経。彼此相比。以稽其義。及至徂徠。遂極其力。古言稍明。

これらをみると、幽谷が仁斎と徂徠（門人太宰徳夫も含めて）を高く評価してゐることが窺はれる。批判としては「其好尚之甚」とか徂徠の『論語徴』を「牽強附会之太甚」としたり、「徂徠氏之学。其弊有不可勝言者矣」などの言がみえてゐるが、全体としては子虚の批判に対する弁護であり、翠軒の子虚評として「才子」ではあるが「木村生之文。英気勃勃。奇亦甚」と末尾に添へてゐることからみても反論の文章といへる。少なくとも、『及門遺範』にみえる「君臣の名、華夷の分を知らず」といふ批判を窺ふことはできないであらう。さうすると、名越氏が「当時まで翠軒此君堂の忠実な学徒であつて徂徠・春台に対する後年の厳しい批判は未だ現はれてゐなかつたと言ふことが出来よう」（二七三頁）と指摘されたやうに徂徠批判の確立は未成熟であり、「君臣の名」と「華夷の分」を表明した『正名論』が寛政元年に成立するはずはあるまいし、元年・二年・三年と学問を積んだ結果が『正名論』として結実したと考へてよいと思ふ。

四　幽谷学の確立

それでは、その転機の要因は何か。その一つは『神皇正統記』の研究であらう。名越氏が紹介された彰考館蔵の幽谷校合本の奥書の日付に、

寛政二庚戌重九之日

とあることに留意しよう（二〇〇頁）。「重九之日」は九月九日の意味であるから『正名論』成立のほぼ一年前に当たり、『幽谷随筆』巻之二の筆を執つてゐた頃となる。また、幽谷自筆史料目録はいはばこの年の正月から九月七日に至る読書目録ともいふべきものであるが、巻頭には「神皇正統記」が、さらに「天皇考草本」といふ記載がみえてゐる。その年月は同年正月二十九日で、他の抄録にも五月七日や九月七日とみえるから、この研究が『正名論』に連なることは明らかである。なほ、これ以前の『保建大記』校合も学問の素地を形成したであらうが、この時期の『幽谷随筆』には読書の跡が歴然としてをり、寛政二年が大きな転機であつたことは認められてよいであらう。

さらに、もう一つ留意しなければならないのは高山彦九郎の訪問である。水戸下谷の自宅での面会は寛政二年七月一日であり、彦九郎の『北行日記』に左のやうにみえてゐる。

上ハ町下タ谷といへる所にて藤田熊之助一正を尋ねける、早や予か来るべしとて待ち迎へたり、与助と名を替へたり、親を与右衛門と号す、よろこひ出で、冷麺に酒を出だす（中略）一正と大義の談有りける、一正能ク義に通ず、存慮の筆記を見す、同しくは公よろしからんと示メしけるに忽チ筆を取りて改めける、才子にして道理に達す、奇也とてよろこび語る事ありける(5)

（一六四～一六五頁）

会談の具体的内容は分からないが、「能ク義に通ず」とか「道理に達す」とかの記述から幽谷の学問が着実に形成されつつあることが窺へる。また「忽チ筆を取りて改めける」からは天明元年五月に彦九郎が江戸で長久保赤水を訪ねた際の事情と好対照である。すなはち赤水は彦九郎から詩稿中の「豊王」の字を改めるよう要請されたが、同意しなかつた一件である。幽谷はこの前年にも江戸で彦九郎と会見してゐる。この時は「藤田一正一夜にして長文を案す(6)」（四一頁）と記すのみであるが、やはり赤水を訪ねた際であつた。勿論、幽谷と赤水では年齢も大きく異なり、幽谷十三歳の作である「赤水先生七十寿序」によつてその神童ぶりを示したのであるから、赤水を老先輩として仰いだことはいふまでもない。また東湖の行状⑥には赤水と時局を論じたことがみえ、少年の日に赤水から何らかの指導を受けたことは容易に推察される。その赤水が徂徠的な要素を持つてゐたのであるから、「答木村子虚」に窺へる徂徠弁護が直接とはみられないまでも赤水（他に立原翠軒や谷田部東壑）などからの影響によると考へられるのではなからうか。あるいは、当時の一般的傾向として徂徠学にふれること も十分に想定されてよい。ところが、寛政二年の『神皇正統記』の研究や高山彦九郎との会見を契機として、徂徠学への批判を形成することになるのである。このやうにみてくると、『正名論』が寛政三年の成立であることに疑ふ余地は全くないといへよう。

註

（1）『幽谷全集』所収
（2）『会澤正志斎文稿』所収
（3）神道史研究叢書、『水戸学集成』の一冊として復刊。以下名越氏といへばすべて本書を指す。
（4）『水戸光圀と京都』、以下安見氏といへばすべて本書を指す。
（5）（6）『高山彦九郎全集』第三巻所収

第十一章　『修史始末』における「論賛」関係記事をめぐつて

一　問題の所在

『修史始末』が『大日本史』編纂の経過を述べた著述であり、その客観的な記述は今日まで高く評価されてきた（『日本の名著・藤田東湖』収録の現代語訳「修史始末」凡例）。特に名越時正氏は『修史始末』の成立について詳細な検討を加へ、その意義を考察されたのである。『修史始末』が二十四歳の一編修である藤田幽谷によつて著され、前後期にわたる『大日本史』編纂の経過と水戸学を考へる基礎的史料として後世に大きな役割を果たしてきた。名越氏はその成立を師立原翠軒との関係において考察し、『大日本史』志表の編纂上の対立的関係が『修史始末』を正当に評価する環境を形成しなかつたことを明らかにされた（『水戸光圀とその餘光』第九章）。私はこのやうな名越氏の考察をふまへつつ『修史始末』にみえる「論賛」関係の記事に関して研究史上の問題点にふれてみたいと思ふ。検討しようとするのは『修史始末』の「論賛」関係記事を批判的に検証された鈴木暎一氏の言説である。鈴木氏は「論賛」の成立に関する文献は『修史始末』が唯一と称するほどであるとして、関係記事の全文をかかげた後に次のやうに言及されてゐる。

右に長文を煩わず引用したのは、「論賛」執筆の経過について、これまで私たちが知りえているすべてを示したかったからである。すなわち、右の引用のうち、三箇所ある藤田自身の評言を除けば、安積に対する「論賛」執筆の下命年月と、神武から亀山に至る本紀賛立稿の年月を知ることができるにすぎない。

しかも、この『修史始末』の記事のうち、「①清和紀に至りて止む」は宇多紀までの誤りであり、「②殆ど宿稿あるに似たり」とする藤田の推測には疑義があり、また③神武から允恭までの賛稿成立を「三月四日」としたり、④三宅に批正を求めるために賛稿を江戸に送ったのを「九月」としたところも厳密さを欠き（それらの理由は後述）、要するにこのわずかな記事すらもそのすべてを鵜呑みにすることはできないのである。そもそも⑤藤田は、引用書として掲げた「往復書案」をどの程度調査したうえで『修史始末』を書いたのであろうか。

列伝の「論賛」立稿年月は一切不詳と藤田はあきらめているが、現在これを確認する手だてはもはやないのであろうか。

（『水戸藩学問・教育史の研究』七八頁）

前段は特に問題がないが、後段の鈴木氏の指摘は全面的に正しいであらうか。以下、鈴木氏の記述を検証しながら『修史始末』における「論賛」関係記事の意味するところを考へてみたいと思ふ。なほ、便宜的に傍線を施したので①から⑤の箇所について順次言及を試みることとする。

二　鈴木氏説の検証（1）

まづ、鈴木氏にならつて「論賛」関係記事の全文を『幽谷全集』（一〇〇～一〇一頁、原漢文）によつて掲げることとしよう。すべて、享保元年の条にみえるものである。括弧内は二行書きの箇所を示してゐる。なほ、茨城県立歴史館所蔵の写本『修史略』と比べると文字使ひの違ひはみられるものの内容に関するものはわづかに一字が異なるのみである（引用中に指摘）。

二月二十日、安積覚に命じて本紀・列伝の論賛を撰ばしむ。（往復書案）

三月四日、本紀神武より允恭に至る、九帝の賛稿成る。館僚に示して商量を乞ふ。衆皆其の体を得たるを称す。（同上）

一正按ずるに、論賛の撰、初め其の人を難ず。衆議、安積先生を推す。遂に命じて之を為さしむ。数篇の文字、日ならずして成る。殆ど宿稿有るに似たり。何ぞ其の速やかなるや。苟も史学に老けたるものに非ずんば、孰か能く此に与からん。粛公の命、輿論協ふ所、真に其の人を得たる哉。

四月、安康より持統に至る、十二帝紀賛成る。（同上）

五月、文武より嵯峨に至る、十一帝紀賛成る。（六月より八月に至るまで曬書。館職休職。）

九月、覚、賛稿を江戸に送り、三宅緝明に示して駁正を乞ふ。（明年十一月、観瀾論賛駁語一冊、江戸より至る。）

一正諸を小宮山編修に聞けり。老牛の論賛を観瀾に示すや其の言に曰く、往年台兄館に在り、栗潜鋒と修撰の事を共にせり。僕竊かに謂らく、異日論賛の筆潜鋒と台兄とにあらずんば不可なりと。豈に図らんや。台兄幕府の辟に就き、潜鋒地下の人と為らんとは。僕乏しき〔「修史略」では之〕も斯の任を承く。実に堪ふる所にあらず。今刪潤を台兄に乞ふ。願くは台兄少しも仮借せず、自ら之を為すが若く、意に任せて筆削すれば幸甚しと。今、試みに論賛を取て観瀾の駁語と比校するに、往々として其の言に因て改正するものあり。観瀾の評隲、固より已に称するに足れり。而して老牛先生の善に服し、己を忘るるも亦見るべし。然れども、亦悉く観瀾の意を用ゐて文を為し、反つて之を冗長に失するものあり、議せざる可からざるなり。又按ずるに、観瀾の駁語、僅に清和紀に至りて止む。蓋し其の幾ならずして没するを以て、其の他に及ぶに遑あらざりし歟。其の後、又之を室鳩巣に示す。鳩巣の駁語今数条を存す。悉く列伝中の語なり。

九月、淳和より醍醐に至る、□帝紀の賛成る。〔□の傍に八脱カの注記あり。編集者によるもので、当然のこととして「修史略」にはみえない。〕

十月、朱雀より後冷泉に至る、十帝紀の賛成る。

十一月、後三条より高倉に至る、十帝紀の賛成る。

十二月、安徳より亀山に至る、十帝紀の賛成る。（往復書案）

一正按ずるに、本紀の論賛其の成るの速かなる、往復書案に見るもの此の如し。列伝の論賛其の属稿の年月、詳かに考ふべからずと雖も、要するに其の成る、享保五年以前に在る也。

鈴木氏の①については確かに宇多紀までであるから幽谷の誤りといふことになり、指摘の通りである。②は後述するとして、③は三月四日付の安積宛酒泉・佐治書簡にみえる次の一節からの判断であらう。

一本紀論賛神武より允恭迄御立稿此度相達数回熟読体裁御議論無残所珍重相見候少も存寄り無御座候猶又玩味仕館僚へも為見候而存寄も出候ハ、追而可申進候

（『茨城県史料』近世思想編三一六頁。以下「往復書案」の引用はすべて同じ）

この箇所には神武と允恭に朱点、また頭注に朱筆で「本紀論賛自神武至允恭稿成」とみえるから、これによつた記述と思はれる。「館僚に示して商量を乞ふ。衆皆其の体を得たるを称す」といふ箇所はまさにその証左とならう。書簡は神武から允恭の「論賛」原稿を受けて熟読した旨を報じたのであるから、三月四日以前に原稿が成立してゐたはずである。したがつて、幽谷の誤りではあるが勘違ひといへなくもない。

④については、九月一日付の書簡であり、二条が抄出されてゐる。

一論賛清書一冊相達理平次へ御紙面之趣御尤ニ存候早速三宅兄へ相届候段先書ニ御答申進候相達可入御披覧候察存候（下略）

一淳和より醍醐迄論賛御書立被成候間近日同役共迄被遣御吟味之上中書被遣御見せ可被成候（下略）（同前三一九頁）

この書簡により三宅に届けたのが九月一日以前であることは明らかであるから、「厳密さを欠」いてゐることは鈴木氏の指摘の通りであらう。ただ、割注記載部分は享保二年十一月十日付安積宛佐治書簡の、

一三宅新十郎殿より論賛駁語一冊被指越候間今日差下し申候御収可被成候段々駁語致出来御同意珍重存候（同前三二三頁）

によつたことは間違ひがあるまい。②と⑤については節を改めて述べることとしよう。

三　鈴木氏説の検証（2）

②について鈴木氏は次のやうに説明されてゐる。

しかしこれは不適切な表現であって、神武から允恭までの分量が現在みるものと大差ないとすると（現存の文章は、後述するように三宅観瀾の批評をうけて字句を修正したものであるが、全体的な分量に大きな差異はなかったとみられる）、およそ一七〇〇字、この程度であれば、その後の進捗状況を考慮するとき十分に執筆可能な期間であったと思われる。正式の下命を待たず、内定の時から執筆をはじめていたとみることもできるが、ことさら「宿稿」を想定する必要はない

のではあるまいか。（『水戸藩学問・教育史の研究』八三～八四頁）

あるいはさうかもしれないが、その前提には仮定がともなつてゐることにも留意せざるをえない。鈴木氏も言及されてゐるやうに正徳四年の段階では「水館でまづ一つ二つ雛形を書いてみてくれまいか」（同前八〇頁。『県史料』では二八四頁の十一月二十八日付が該当の書簡である）といふ状況で「論賛」の体裁は決まつてをらず、また水館でもすぐに執筆できるやうな体制ではなかつた。その安積澹泊でさへ「賛ハ不入物と之了簡」（『県史料』二八五頁）との考へを表明してゐた。ところが五年も押し詰まつてくると「論賛」の議が再び起こり、享保元年早々澹泊が適任者として推薦され、二月二十日の下命となるのである。このやうな経過をみてくる時、澹泊が「論賛」について全く関心を持つてゐなかつたとは思へない。少なくとも「論賛」の体裁を考へ、叙述内容を検討してゐたと考へる方が自然であらう。ましてや、書き慣れた後ではなく、書き始めの時だからである。書き慣れた後であれば鈴木氏の主張にもみるべきところがあるが、宝永元年に「源義家伝」の立伝に当たつて「源義家」論をものし、それが賛の下地となつたことに思ひをいたせば「宿稿」を「想定」することに何の支障もあるまいと思はれる（「源義家」論については第八章を参照されたい）。なほ、引用末尾にも「本紀の論賛其の成るの速かなる、往復書案に見るもの此の如し」と記述してゐるところからみれば「宿稿」は必ずしも「神武より允恭に至る」賛にのみ限定しなくてもよいであらう。もつとも、幽谷は「殆ど宿稿有るに似たり」（圏点は梶山）と述べたのみであるから、「宿稿」そのものを「想定」したわけではない。

したがつて、余分な詮索といふべきなのであらう。

⑤についてはまづ先の引用を確認しなければならないであらう。引用の記事、すなはち二月二十日から十二月までの記事はすべて『県史料』収録の「往復書案抄」によつて確認できるが、すでに述べたやうに一部書簡の日付をそのまま用ひた箇所があり、厳密性に欠ける記述がみられる。しかしながら、幽谷が「往復書案」をかなり綿密に調査したことは事実であつて、たとへば前引の九月から十一月の条のやうに注記がない箇所でも「往復書案」に拠つたことが明かであるし、また先に鈴木氏が「続編議」に関して幽谷を非難したことが必ずしも当を得たものでないことによつても窺はれる（飯田氏と宮田氏の所論のほか第六章及び補論参照）。

ただ、鈴木氏が『修史始末』の記事の評価とは別に「往復書案」の検討によつて「始末」未記載部分に焦点を当て、さらに観瀾の「論賛駁語」との関連など「論賛」の成立を詳細に後付けたことには大きな意義を認めなければならない。

四　『修史始末』における「論賛」関係記事の性格

『修史始末』の「論賛」関係記事を検討するにあたつて見落とすことができないのは享保元年の条のみに関連の記事がみえることである。これは一体何を意味するのであらうか。いふまでもなく享保元年は安積澹泊が下命を受けた年であり、この年の執筆状況を記した記述は至つて簡略である。按文についても九月はやや詳細ではあるが、ほかは簡略といつてよい。元年の記述状況からすれば、その後の「往復書案」の調査が行はれてゐなかつたとは到底思へないのである。それは享保三年以後に「往復書案」の註記がみえるからである（二年の記事は一つのみで書案の注記に関するものはない）。

ところで、鈴木氏が詳細に後付ける際に拠り所とされた「往復書案」は今日では『県史料』収録の「往復書案抄」で確認することができるのである。さうすると、「往復書案抄」の史料的性格が検討されねばならないであらう。「往復書案抄」が「往復書案」からの抄録であることは鈴木氏も『県史料』の解説もともに説くところであるが、注目すべきは『県史料』解説の次の一節であらう。

「往復書案抄」は、幽谷が中心となつて、というよりは幽谷が『修史始末』を著すに当っての準備作業として抄録したと考えられるのであるが、それだけに問題摘出は鋭く、本書から私たちは、宝永・正徳・享保期が、『大日本史』編纂事業の一つの重要な画期をなした、という点を確認できるのである。（傍線は梶山、三一頁）

「往復書案抄」が『修史始末』の準備作業とすると（名越氏前掲書も同様。もつとも鈴木氏は「大日本史編纂記録」二〇五から二〇九までの「修史」といふ表題が付いてゐる五冊についてのみ認められてゐる。前掲書九七頁の註記）、当然にして享保二年以後の該当箇所をも収録してゐたはずである（三年分は欠けてゐるから除くとしても）。とすれば、享保五年中に「論賛」が書き上がつてゐたことは周知だつたとしなければならない。さうすると、鈴木氏が「列伝の「論賛」立稿年月は一切不詳と藤田はあきらめているが」（前引、前掲書七八頁）と解釈された箇所、すなはち「列伝の論賛其の属稿の年月、詳かに考ふべからずと雖も」といふ一文が何故に記されたのか、といふ疑問が生じるのである。

そこで考へなければならないのは『修史始末』が著された背景、すなはち当時幽谷がどのやうな状況下でこの著述をなしたのか、といふことである。この問題については冒頭にふれた名越氏の論考に明かであるから借用しよう。名越氏の論は多岐にわたるから以下には本論で直接に関係する部分に限定させていただく。

①『修史始末』はこの題号改正論より二ケ月程遅れて著されたのであるが、吉田一徳博士は「修史始末は題号論の起る準備的研究の成果としても一意義を有する」と考へられたやうに意味は極めて大きいであらう。しかし、藤田が酒泉、佐治両総裁を批判した理由はそれだけではない。本書中両総裁を非難した文辞が実に十ケ所に及ぶこと、殆んど本書の著作目的の半面はここにあるかの如き感を懐かせるのである。（前掲書、二五三頁）

②志に関してはこの後にも述べられてゐるが、幽谷は修志は義公の趣旨であること明白だが問題はその志目であつて、これについては幽谷自身同僚と十志目を議定して提案したが未だに裁用されないと述べてゐる。それは本書最終の寛政九年の条の註にも、（引用省略）とあつて、題号論と共に藤田の当時最も重要な関心事であつたことを知り得る。こゝにおいて彼が酒泉、佐治両総裁を批判すること痛烈を極めたのも、畢竟光圀の真意を顕はし、当今修史の過誤を正さう

とするにあつたことをほゞ知ることが出来よう。

（同二五五〜二五六頁）

③ところで藤田の続編編修論はどうなつたか。廃志論は否決されたとしても、当時の情勢での中で続編編修が認められる可能性は全く無い。その上彼は修史の由来を考察した時、曽て続編のことが酒泉、佐治両総裁の卑陋な史館挽留策として提言され、打越総裁の明識によつて中止された事情を知つたであらう。藤田は前述のやうに両総裁の私心による挽留策を痛撃するとともに、自己の続編も断念したに相違ない。しかし近現代の史的批判を重んずることは、これより一段と熱烈さを加へ、幕府および水戸藩の現状批判から、その改革の実現に挺身させるに到る。しかも、その批判の基準、改革の原理が光圀の掲げた大義に求められたことは、続編編修の趣旨を実行に移したものと考へられないであらうか。

（同二六七〜二六八頁）

右の抄出のうち①に関しては鈴木氏も「重要な指摘」とされてゐる（前掲書七四頁の註）が、幽谷の酒泉らへの対抗心については先に批判的見解を述べた（第三章）。この名越氏の論によつて続編問題、特に酒泉・佐治両総裁の史館挽留策としての続編編修に関して痛撃を加へるのが『修史始末』の最重要目的であつたことが知られるのである。しかも、続編問題は立原総裁の廃志論と相俟つて錯綜のうちに頓挫するに至るが、それは光圀の意思と異なるものであるとの認識の結果であつたからである。幽谷がもつとも力を注いだのはこの点であつて、『修史始末』の叙述に力点の強弱は認めてよいであらう。

以上のやうに『修史始末』をみてくると、享保元年の条はどのやうに位置づけるべきであらうか。「論賛」が享保五年までの五年間に関はることはすでにみた通りであるが、それが元年の条にしかみえないといふことは幽谷の力点がそこにしか置かれてゐなかつたといふことを意味するであらう。すなはち、それは五年までかけて述べる必要を認めなかつたといふことなのである。「論賛」問題は『大日本史』編纂上の大きな問題ではあるが、脱稿の寛政九年の時点では澹泊が命ぜられたこととその後の執筆状況を記せばそれで事足りるといふ認識だつたのではあるまいか。少なくとも、この時点では続編問題の処理が最重要課題であり、「論賛」問題はそれ以上のものではなかつたのであらう。

五　むすび

このやうにみてくると、『修史始末』享保元年の条には「論賛」が五年までに成立したことを記せば十分だつたといふことにならう。それが「列伝の論賛其の属稿の年月、詳かに考ふべからずと雖も」といふ記載となつたのではなからうか。その後の「要するに其の成る」といふのも、「論賛」の成立が五年以前であることを明らかにすればよかつたからといふことにならう。

「論賛」削除が問題となるのは後年のことであり（削除の正式決定は文化六年）、寛政九年当時では少なくとも幽谷の問題意識としては続編以上のものとはなつてはをらず、それが享保元年の記事のみとなつてゐる理由であらう。鈴木氏の⑤は問題設定としてはそれなりの意義を認めることができるけれども『修史始末』の性格を考慮に入れる時、必ずしも有効なものとはなりえないのではなからうか。

補論　『修史始末』享保十九年の条について

藤田幽谷は『修史始末』（以下「始末」と略記）を著すにあたつて「往復書案」をどのやうに活用したのであらうか。この問題は修史上における幽谷の役割や彼の歴史観の考察に直結するものであり、また「始末」の成立にもかかはるものであらう。そこで、一例として享保十九年（甲寅）の条を検討し、前論を補つてみたいと思ふ。主として検討するのは「二月十日老牛書案」といふ割註までの記載であるから、この部分から掲げることとしよう（後考の都合適宜区切つて番号を付す）。

①是より先、執政諸老相議して日本史を梓せんと欲す。中山信昌、志の未だ備はざるを憂ふ。三木之幹をして諸を安積覚に問ふ。覚、伊藤友益に就いて議を上りて曰く、

②覚、往年日本史を校訂し、本紀の業已に功を竣る。而して列伝則ち草稿未だ全たからず。訂正に由る無く、幕府観るに及び、校訂繕写す。苟も速やかに了を取れば、時に覚、方に紀伝・論賛を撰ぶ。因て全書を通閲するを得。然れども注意属目は専ら論賛の筆を資するに在り。則ち文章字句の間に至り、删潤を加ふるに遑あらず。今、諸に剞劂《きけつ》を授けんと欲し、再訂を加へざ

るべからざるなり。

③夫れ刊修の事、固より総裁の任は然して事務繁重、恐は精を専らとし難し。覚、食貨志を修め、略已に緒に就く。我一二年を仮れば、稿を脱すること難からず。然れども齢方に八旬、余年幾ばくも無し。若し一二年の後を待てば則ち精力衰耗して復用ふべからざるなり。食貨志の如きは之他人に属し、亦まさに成る有べし。願はくは今に及び命を奉じて、総裁と再び紀伝を訂し、以て精選を成さんことを。覚、老耄と雖も敢へて力を竭さざらん。諸志の如きは則ち編修するに人乏しく、一朝夕の能く了する所にあらざるなり。

④且つ、義公の本意は、亦先づ紀伝を成して然る後志を修むるに在り。則ち宜しく速やかに紀伝を校訂し、以て剞劂を授くべし。

以上の箇所の出典として「二月十日老牛書案」を掲げてゐるのであるが、今日この書案は『茨城県史料』近世思想編で確認可能なのである（八五〜八六頁）。そこで、この書案を検討してみよう。この書案は享保十九年二月十日付で安積老牛から伊藤玄蕃（即ち友益）宛であり、前文と三条の本文からなる。前文には、

大日本史板行之儀、去秋中三木左大夫殿御下之時分備前守殿より御内意被仰下具ニ承知仕候、其節左大夫殿迄御挨拶申上候通、義公様多年之御志願相達恐悦至極珍重不過之奉存候、

とみえるから①がこの箇所に拠つたことは明らかである。三木左大夫が三木之幹、備前守が中山信昌

であることはいふまでもない。以下、本文三条が伊藤玄蕃宛の内容であり、②～④の典拠となる。まづ、一条めをみよう。

拙者儀先年本紀列伝請取自分ニ而もよほと書立、其後も数年之間惣吟味ニ取掛り、本紀ハ不残相済候へ共、列伝之内いまた出来不申候伝共有之、先年御献上候砌ニ罷成急ニ出来立申候故、間々ニハ文路目かゝりの儀も御座候、拙者儀其砌日本史論賛被仰付本紀列伝之論賛不残一筆ニ而書立候、此節不残一覧候得とも、論賛へ書可申大節目之所へ斗目を付、文路之吟味仕候、余力無御座候、誤字落字ハ誰も見出し之事ニ而御座候、文路之吟味第一専要之儀と奉存候、

ここは②と③の一部が拠つた部分である。また、③は次の箇所にも依拠し忠実であらう。

此段ハ惣裁中之任ニ而御座候へ共御用多候故、全く吟味ニ取掛り申候儀ハ難罷成候半と被存候、拙者儀ハ当分食貨志致編集候、余命無之候間、何卒今明年中出来差上申度念願ニ而御座候、日本史吟味ニ取掛り申候而ハ食貨志出来不申、又一両年も相延申候、来年ハ八十歳ニ罷成候間、たとひ存命ニ而罷在候而も精力相続不申候、食貨志下寄ハ仕置候間、是ハ誰へ被仰付候而も如何様にニも出来可申候、

さらに自らの状況に及んで、

拙者へハ日本史惣吟味惣裁中ニ相加り、相勤候様ニ各様より別段ニ可被仰付候哉、左様無之候而ハ第一惣裁中への遠慮有之存寄之儀有之、而も一言も申出候儀ハ差控候より外ハ無御座候、左候

而ハ為御用本意ニ無之候、極老之拙者精力甚弱り候へ共被仰付候ハ、如何様ニも相勤見可申候

と述べる。続いての箇所は②に関連するものであらう。

只今見候へハ先年書立申候論賛之内ニも少々相改申度儀も御座候、尤も毎篇有之ニ而ハ無之数篇之内二三字或五七字の抜さしニ而御座候間、先年御献上被成候御本のそこはく致相違御目懸りほとの儀ハ無之事ニ御座候、

二条めは「類典」と「烈祖成績」の書写に関するもので、直接には関係を有しない。

三条めの後半には次のやうにみえてゐる。

元来義公様ニも志ハ跡より出来御付被成候思召ニ而御座候間、志之儀ハ先其通りニ被成置、右之通日本史吟味惣裁中拙者へも被仰付、此砌板行無滞出来立候様ニ被成候方乍恐義公様尊慮ニも御叶可被成哉と奉存候、

ここは明らかに④の根拠とした箇所であらう。

以上のやうに「二月十日老牛書案」をたどつてくると、享保十九年の条を認めるに当たり正確に「往復書案」に拠つたことを確認することができるのである。

ついでながら、同年の条にみえる「四月十五日」や「六月」の部分も「老牛書案」に続く部分から根拠が明らかとなり、幽谷が詳細に「往復書案」を調査したことは認めてよいであらう。そして、そこには「往復書案」の要約と漢訳の才とともに、またその採用の的確さを窺ふことができると思はれる。

第十二章　藤田東湖の国学

——吉田俊純氏『水戸学と明治維新』に寄せて——

はじめに

私は先に「藤田東湖の国学観」（拙著『水戸派国学の研究』収録）といふ一文に『弘道館記述義』の国学的性格を論じたことがあつた。近年吉田俊純氏が掲題の著書（吉川弘文館歴史文化ライブラリー、平成十五年）を刊行され、「水戸学は明治維新の思想的推進力になった思想」（四頁）と明言されてゐるが、これ自体は何の問題もなく私も同感である。ユニークな視点もみられる労作ではあるが、検討を要する部分も少なくないやうに思はれる。その中で特に東湖の国学に関する部分とそれに関連する徂徠学について、先に言及しえなかつたことも含めて以下に氏の論点を検討してみたいと思ふ。

一　水戸学の「異端」と「正統」

まづ、次の言及から考へてみよう。

明らかに本居の所説を採用した東湖の思想は、幽谷以来の水戸学の系譜のなかでは異質である。

それでは、なぜ幽谷の息子の東湖が、異端的な存在になったのであろうか。

（『水戸学と明治維新』一三五頁、以下同じ）

ここで検討しなければならないのは「異端的な存在」であるが、他に「異質」といふ表現もみえるのであはせて俎上に載せてみよう。元来「異端」といふ概念は「正統」と対になつて使はれる言葉であらう。したがつて、「異端」といふからには「正統」があるはずである。右の一文にそれを求めるとすると、「幽谷以来の水戸学の系譜」にあることになるから幽谷とその門下をいふのであらう。いふまでもなく東湖以外の、である。文脈からすると「異質」と「異端」は同義語のやうではあるが、疑問なしとしない。細かいことに拘つてゐるとされるかもしれないが、後期水戸学を考へる上では看過されてよいことではあるまいと思ふ。

さて、東湖の述義で問題とされたのは天神や風俗の捉へ方が国学的ではないか、といふことにあつた。吉田氏も解説されるやうに述義に対して青山佩弦斎・国友善庵・豊田天功・石川明善等が批判したのは事実である。特に佩弦斎の「本居ノ流カ取ラスシテ可ナルヘシ」といふ批判（加藤虎之亮博士『弘道館記述義小解』の推定による。詳細は前掲拙著五三三頁以下参照）はよく知られてゐるが、述義では明確な変更がなされたわけではない。水戸の錚々たる学者達が批判を加へてはゐるが、国学系統からの批判にも注目しなければならない。吉田氏も引用される次の批判は、今日知られるもつとも代表的なものであらう。

天地万物ノ原始ハ、ミナ神魯岐神魯美命ノ命モテ、生リ出タルモノニシアレバ、未始不原於天神焉ノ言的確ニシテ易フヘカラストコソ言ハメ。サテ、下ノ条ニ亦猶天施而地生万物各遂其性焉ト云テハ、天地ト云ヘルモノカ万物ノ原本始祖タルカ如クキコエテ、前ノ原於天神ノ意ト相違セルヤウニナンアル、且ツ天地ノ万物ノ原始タリト云コトハ、専ラ彼漢籍ニ説キタル言ニシテ我皇国ノ古典ニハ見モ聞モセサルコトニナン。下ノ条ニ天地ヲ云ヘル所ミナコ、ニ言ヘル天地ト同シ意ナルモノ多クコソ聞ユレ。別ニ深意ノアリタマフコトニヤ。不審。（加藤博士前掲書、二四頁）

ここでは「神魯岐神魯美」をいはば天神であるとするのはよいが、その後に「亦天施シテ地生ジ、万物各其ノ性ヲ遂グル」といふのは漢籍にみえるのであつて我が古典には見聞できないとするのである。「別ニ深意ノアリタマフコトニヤ」からすれば好意的批判とすることができよう。遺憾ながらこの批判の主を明らかにすることはできないが、拙著には吉田活堂でないことは確かであると述べた（東湖と活堂の間には平田篤胤の「霊能真柱」をめぐる意見交換の中に神代に関する議論がみられるけれども、活堂はすでに没してゐたからである）。ともかくも、述義の神儒一致的性格への批判といふことができよう。

なほ、吉田氏は引用の後に「『古事記』によれば、神魯岐＝伊邪那岐命と神魯美＝伊邪那美命は」（ルビ略、以下同じ。一二六頁）と記されてゐるが、本居宣長の『古事記伝』巻之十三には大祓詞にみえる「神漏岐神漏美乃命」について、さて此に申せる神漏岐は、正しく高御産巣日神を指《セ》り、神漏美は、神生祖女君なり、売岐を切て美となれり、こは天照大御神を指て申せり、……又是等の祝詞に、神呂岐神呂美と申すは、高御魂神魂より始て、伊邪那岐伊邪那美命天照大御神まで、凡ての男女皇祖神を申すと云れしもいかゞ、神呂岐神呂美と申称は、何れの皇祖神へもわたることなれども、是らの祝詞に如是申せるは、いづれも高御産巣日と天照大御神と二柱のみを指て申せること、此記書紀など合見て明し、

（『本居宣長全集』第十巻四五～四六頁）

とみえることを指摘しておきたいと思ふ。一般には「神魯岐神魯美」は高皇産霊神と神皇産霊神の二神を指すであらう。

また、儒学的学風の強い中では東湖の国学的把握に批判があつても不思議ではないが、江戸後期の思想界における国学との関係で捉へれば、たとへば道の把握についての東湖の位置づけは一つの参考とならう。

かつて、私は東湖をはじめとして会沢正志斎と吉田活堂の道の把握について左図のやうに整理したことがある（『水戸の國學――吉田活堂を中心として――』、一八二頁）。

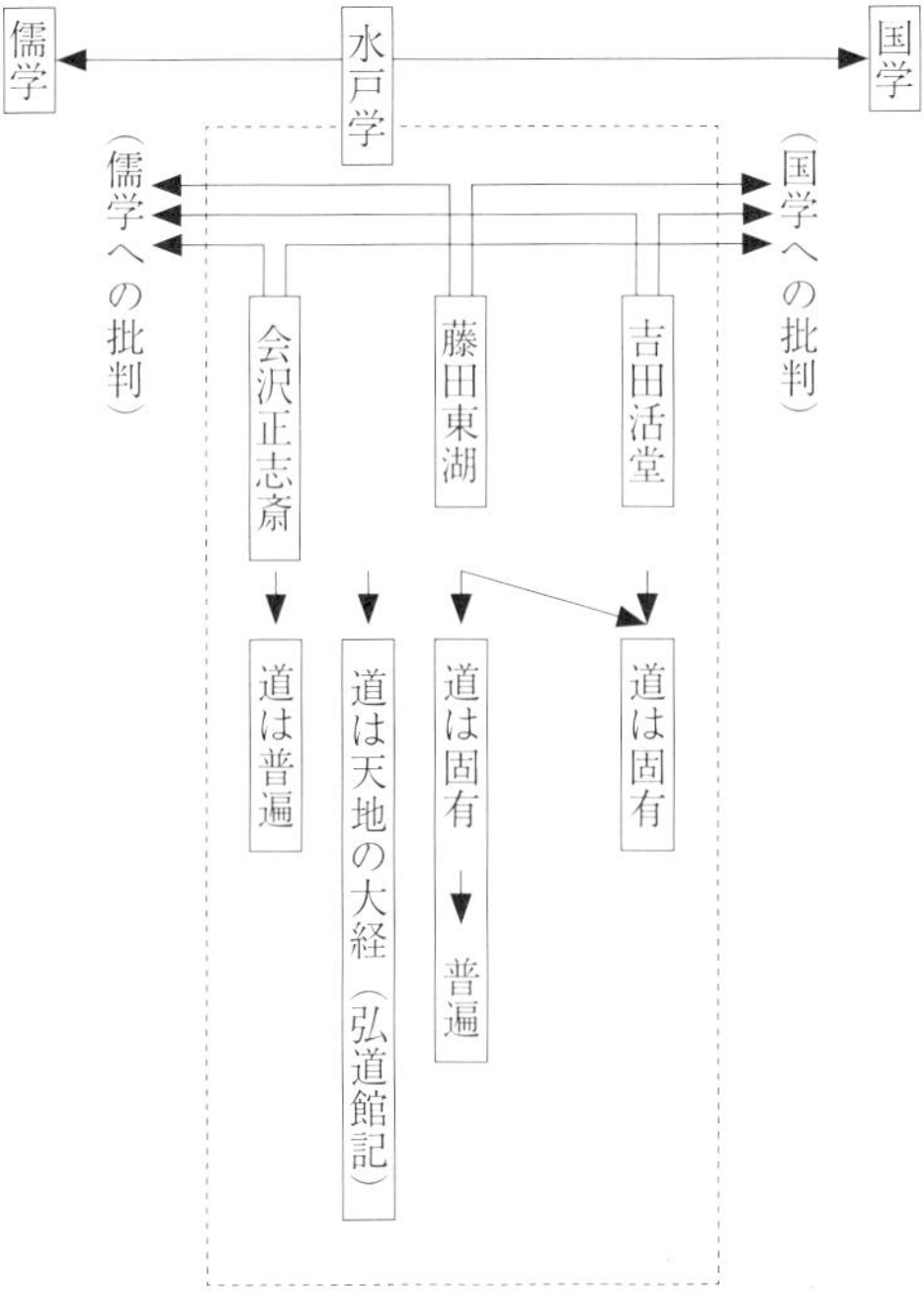

ここで問題とするのは東湖の位置づけをどのやうに理解するか、といふことである。「弘道館記」にそつて道を把握すれば、中心に東湖を、より国学的には活堂を、より儒学的に正志斎を位置づけることができると思はれるが、濃淡はあるものの三者の把握は神儒一致である。三者ともに国学および儒学への批判を合はせ持つてゐることにも留意しなければならないであらう。やがて、水戸学の神儒

一致的性格は国学の神道探求の深化とともに国学への接近が図られたのであるが、水戸の学風にはそれを拒否する向きもみられた。拒否といふのは儒学的立場を維持しようとすることからであつたが、「弘道館記」では固有か否かではなく「大経」とし、それは「常ニ行ハネバナラヌ大道ノ意デ、父子ノ親、君臣ノ義、夫婦ノ別、長幼ノ序、朋友ノ信ヲイフ」（加藤博士前掲書、二頁）のであつた。館記はこの道によつて我が国の成り立ちを簡潔に格調高く説明してゐるが、それを東湖は神道研鑽の成果によつてさらに解説を試みたわけである。神道的立場の導入が結果として国学的といふ批判の対象となつたのであるが、この国学的といふのを私は「水戸学の国学化」といふ観点から捉へるべきであらうと考へてゐる（拙著『水戸派国学の研究』三二一頁以下参照）。すでに幽谷が文政八年に青山延于より真淵や宣長流の「和習御好」と批判されてゐたことからすれば、「幽谷以来の水戸学」には明らかに国学化がみられたといふことになる。より儒学的な延于からすれば幽谷が否定したにもかかはらず国学的なものを感じたのであるが、それは義公光圀の「神儒ヲ尊ンデ神儒ヲ駁ス」の思想に連なるものといへよう。

いま仮に水戸学に「正統」といふ概念を持ち込むとすれば、後期のみに限定したとしても国学化といふ観点を除外することはできず、むしろ積極的に考慮すべきであつて、それをふまへて「正統」を議論しなければならないと思はれる。さうした観点に立てば、東湖を中心とした位置づけは神儒一致の水戸学把握に有効な方法となり得るのである。

吉田氏は国学との関連に及んだ章の末尾に、

東湖は水戸学の学者の間では、異端的な存在になっていた。しかし、水戸学全体のなかでは、東湖は改革政治を指向する水戸学の改革派の中心であり、水戸学が神儒の折衷をはからなければならないときに、それを担当し、国学、本居学の論理を導入しただけに、東湖は、水戸学の正統的な中心に位置するのである。（一三九頁）

と述べられてゐる。東湖を中心に位置づけるのはまさに当然であり結論に特に問題はないが、「異端的な存在」から「正統的な中心」といはれるのは果たしてどうなのか。右の一文では「水戸学」の用語使用が混乱してゐるので論理的批判は無理かもしれないが一応の疑問を提示しておかう。おそらく、吉田氏は初稿本では「異端」だつたが再稿本では「正統」となり、それは本居学の論理を取り入れた結果であるといふことを主張したいのであらう。しかし、拙著でも言及したやうに東湖は訂正してはをらず、述義に直接の批判をしたわけではないが正志斎のやうに最晩年まで本居学への批判をし続けたものもゐるから、国学論理の導入そのものによつて「異端」や「正統」を論ずることはできないのである。もつとも、「異質」が単に相違を意味するのであれば、さういへなくもないが「異端」は全く異なつた概念といふことにならう。

二　徂徠学との関係

次に検討しなければならないのは徂徠学との関係である。吉田氏は次のやうに述べられてゐる。

水戸学は内憂・外患の危機感のなかから、いかにして欧米列強と対抗できる国家を築くかを模索した思想である。そのためにあらゆる学問・思想に学んだ折衷的な思想であった。幽谷・正志斎は徂徠学を核心としていた。（一四五頁）

前半は特に問題はないが、「折衷的」といふ観点を強調すると儒学の折衷学派と混同するきらひがあるので注意しなければならない。問題なのは末尾の部分（傍線部）である。「徂徠学を核心」とするといふのは果たしてどうなのか。大きな疑問を有する箇所である。また、この一文の直前にも左のやうな言及がある。

正志斎の学問は、「経書ニモトヅ」く徂徠学であり、そのために幽谷の朱子学理解から逸脱していると、東湖が批判していたというのである。文政十二年（一八二九）に東湖が幽谷の志類の草稿をみて、「晩年之見と相違」と思ったのは、それが個人の道徳性をあつかう紀伝と違って、制度史・文化史をあつかう志類の草稿だけに、各分野の独立性を認めた徂徠学的なものだったと推測できる。そして、嘉永四年（一八五一）に東湖が天功に、正志斎は「僕等未生已然之事」を書いたのだろうと述べた内容は、幽谷の思想が徂徠学的に描かれているということを意味するのであろう。東湖は、幽谷は徂徠学から晩年には朱子学的に変わったと理解し、それゆえに壮年以前の幽谷そのままであると認めた正志斎を批判したと理解される。

（ルビ略、以下同じ。一四四〜一四五頁）

「経書ニモトヅ」くといふのは「伯民ト東湖ノ朱説ニ就テノ話」（『菅政友全集』六七一頁）にみえる一文からのものであり、吉田氏も全文を引用されてゐる。根拠となる文章であるから次に掲げて氏の言及を検討してみよう。

伯民翁ハ、幽谷翁ニ学ビタルガ、平常ノ議論多クハ経書ニモトヅケリ、其説スベテ考証ニ出デ、其旨トスル所ハ、身ヲ修メ国ヲ治ムルノ要ヲトツトメラレシナリ、サレドイタク朱晦庵ノ説ヲヤブリツレバ、東湖翁、アル時書ヲ贈リテ、朱子ノ説クトコロ大カタハゲニモト覚ユル言ナレド、ソノウチ空理ニ出デ、禅学ニ似タルナド、ウケ難キコトヲバ先人モ弁ゼラレタリ、サルヲ朱説ヲバ押ナベテイタク言ヒクダサンニハ、理ニモカナハズ、先人ノ意ニモモトレリ、トイハレタレド、伯民翁イカヾ答ヘラレケンシラズ、東湖翁ノ書稿ハ健ノ家ニ残レルヨシ健イヘリ、翁モ晩年ニハツトメテ朱説排セシコトノ非ナルヲバ、シバ〳〵イハレシ由ナリ、

（引用にあたつて、一部通常の文字に改めたところがある）

「経書」に基づくのは儒学ならば一般的なことで、それだから徂徠学だといふのはあまりに粗雑な議論ではあるまいか。朱説に関して東湖と正志斎が意見を異にしても特別なことではないし、東湖は「押

ナベテイタク言ヒクダサンニハ、理ニモカナハズ」としてゐるのであつて、全面的に朱説に賛意を示してゐたわけではないであらう。また「各分野の独立性を認めた徂徠学的なものだった」はある程度理解できるとしても、その前の「個人の道徳性をあつかう紀伝と違って、制度史・文化史をあつかう志類の草稿」が即徂徠学と結び付くのではないであらう。これでは尾藤正英氏の議論と全く同様ではないか（尾藤氏への批判の詳細は拙著『大日本史と扶桑拾葉集』所収「水戸の革命論と正統論」参照）。さらに「幽谷の思想が徂徠学的に描かれているということを意味する」といふのも全く理解に苦しむし、政友が伝へるところから東湖が「幽谷は徂徠学から晩年には朱子学的に変わったと理解」することはできないであらう。なぜならば、後述する『及門遺範』や氏が引かれる「僕等未生已然之事」の関連文は次のやうなものだからである。それは豊田天功宛の嘉永四年と推定される書簡の一節である。

先人墓表之事、何分御熟議可被下候、及門遺範とか申もの出来候由、先頃茅根より承候処、いまた寓目不仕候、尤翁の意、先人晩年之事は僕等承知候へ共、僕等未生已然之事、磨滅可致と申処を懸念候而、述候歟に候得ば、定て晩年の見とは相違の事も可有之歟、いづれ寓目仕度候へ共、孝経中庸の釈義、去年より打込置候ゆへ、翁怒て此度の著作は廻し不申歟とも被存候

（『東湖先生之半面』九〇頁）

「先人」は幽谷のことであるが、一読すれば明らかなやうに徂徠学についてふれるところはなく、「磨滅可致と申処を懸念候」のために正志斎が述べたので、「僕等未生已然之事」には晩年の見解と異な

ることがあるかもしれない、と『及門遺範』の内容について憶測を加へたにすぎないのである。したがつて、吉田氏が、

東湖も（梶山註、『及門遺範』を）まだ一読もしていないのに、それは幽谷の「晩年の見とは相違」したものもある、「僕等未生已然之事」と見放しているのである。（一四三頁）

としてゐるのは、全くの誤解誤読であらう。「見放している」といふ解釈がどうして出てくるのであらうか。そのまま文意をとればごくふつうの内容であつて、この書簡から東湖の『及門遺範』批判を窺ふことはできまい。

ついでに、もう一例を指摘しておかう。『及門遺範』の序文に関する記述である。引用部分の序文を掲げると、

安嘗て藤先生の門に遊ぶ。固より譾《せん》劣寡陋、何ぞ敢へて自ら先進に比せん。然れども幼きより従遊して歳月尤も旧し。幸いに先生人を誨ゆるの始終を聞見することを得たり。今や先生を見ざること亦已に久し。而して安も亦た老憊せり。竊に恐る、先生教養の遺軌、後輩或は未だ之を詳にせざるを。廼ち及門の日、親炙聞見する所の者を録し、以て他日の一考に備ふ。若し夫れ先生家庭の訓は、則ち斌卿固より既に紹述して余り有り。安が論列を待たず。

（『幽谷全集』七八一頁、原漢文、以下引用は同じ）

であるが、この部分の解釈も不可解なのである。くどいやうであるが、氏の言及を示しておく。

なぜ正志斎は、幽谷の学問を後輩に伝えるために著わしたと記したのちに、「家庭の訓」は東湖が紹介しているなどと、わざわざ記したのであろうか。「家庭の訓」は、学問・思想に関わらないとでもいうのであろうか。もちろん、そうではないであろう。これは、両者の幽谷理解に違いがあったことを暗示しているのである。そして、正志斎はこの書を東湖に送らなかった。(一四二頁)

要するに東湖と正志斎の思想的乖離を強調するための解釈であり、文意に沿つたものではない。とても解釈といへるしろものではないであらう。「家庭の訓」を子息が受け継ぐのは当然であつてよいし、経学を継承したのが正志斎であること(他に飛田逸民もあげてよいが)を窺ふだけである。「及門の日」といふのは正志斎が若き日のことであらうから東湖の「未生已然」であつて何の不思議もない(ちなみに東湖は正志斎の二十五歳年少)。

以上のやうに吉田氏の論旨をみてくるとき、徂徠学との関連を特に論証してゐるわけではなく、単に「幽谷・正志斎は徂徠学を核心としていた」と述べてゐるにすぎないことが明らかとならう。

三　『及門遺範』にみる非徂徠学的要素

そこで、次には吉田氏が東湖と正志斎の思想的乖離を強調する材料としてゐる『及門遺範』を考察しなければならない。『及門遺範』とは一体いかなる著述なのであらうか。それは嘉永三年の成立であり、晩年の正志斎が師幽谷の教へを回想してまとめたものである。「及門の日、親炙聞見する所の者を録し、以て他日の一考に備ふ」ために著され、序文と二十四条から成る漢文の著述であつて嘉永四年に刊行され、その後版を重ねた。

まづ、徂徠学に対する直接的批判を掲げれば十四条めの次の部分である。

荻生氏は雄才卓識、古今を圧倒す。然れども英雄人を欺き、経を説くこと牽強多し。道を以て先王の造作する所と為し、君臣の名、華夷の分を知らず。（『幽谷全集』七八七頁）

ここには一応の評価はみられるものの、その主眼は幕府主義と中華至上主義への批判であり、明らかに幽谷と徂徠の相違を見て取ることができよう（第一章参照）。また同様の批判は正志斎の『下学邇言』にみえる、

荻生徂徠は豪邁の資を以て大いに古学を唱へ、後儒を排撃し、礼楽刑政の義を論じ、有用の学を講ず。而して時務を論じ用兵を説くが如きは甚だ痛快となす。然れども道を以て先王の造る所となし、典礼の天叙天秩に出で治教の躬行に本づくを知らず。而してその称謂名分に於いては則ち君臣内外の弁を知らず。惑いもまた甚だし。（同前七九八頁）

や東湖の「寺門政次郎に与へし書」（嘉永五年）に「徂徠は更に名分を不存、自分東夷の人と称候不届至極に御座候」（『東湖先生之半面』二一一頁）といふ箇所からも窺へよう。したがつて、水戸学派からの徂徠観は「君臣の名、華夷の分を知らず」といふ点に重きを置くべきであつて若き日に幽谷が徂徠学を学んだからといつて、それが後年に大きな影響を及ぼしたといふことはできないのである（久野勝

弥氏『藤田幽谷の研究』所収「青藍舎の教育」参照)。

また、三条めに、

或いは古今の嘉言懿行礼楽制度政教刑兵措置の得失、君臣父子の名分恩義、四海万国の形勢変革、華夷内外の弁を談論し、一一指示し、其の憤悱に因りて之を啓発す。（同前七八二頁）

と述べ、十六条めに、

先生春秋尊王攘夷の義に原き、尤も名分を謹む。君臣上下の際、華夷内外の弁、之を論ずること極めて詳明なり。文を行ひ、辞を措く、其の名分に渉る者は、片言隻字と雖も、未だ嘗て容易に筆を下さず。而して最も思ひを神聖経綸の業に致し、典章制度は論を立つること精確なり。（同前七八七～七八八頁）

と述べてゐることも同様のことであらう。いかに幽谷が徂徠が重視した「礼楽制度政教刑兵」や「典章制度」を講究したとはいへ、そのまま徂徠に直結するものではありえないし、『大日本史』志表の編纂も考慮すれば当然のことである。ましてや、その「得失」を論じ、「道を以て先王の造る所となし」たことへの批判を以てすれば尚更のことである。このやうにみてくれば、『及門遺範』が徂徠への批判を繰り返してゐることは明らかと言はざるをえないのである。ついでに指摘しておけば、青山延于の『皇朝史略』をめぐる批評に「是迄之徂来《ママ》・鳩巣等一種之悪習を除去候様」とか「徂来《ママ》已来の余毒に御酔被成候儀」と述べてゐることも徂徠になぞらへた批判といへよう（『貴重書解題・第十四巻書簡の

部第二――藤田幽谷書簡――』文政八年の延于宛一四一)。

次に朱子学の理解について考へてみよう。すでに言及したが問題とするのは「幽谷は徂徠学から晩年には朱子学的に変わった」と果たして東湖が理解したかどうかである。菅政友の伝へを確認することはできないが、東湖に朱子学的要素を認めることに異論はあるまい。一般的に儒学を基本とした水戸学に朱子学的要素をみることは当然であるし、政友の伝へからも確認できる。『及門遺範』によつても明らかであるやうに、正志斎の入門以後幽谷が徂徠学に傾倒してゐたとは考へられないし、むしろ先に論じたやうに『正名論』成立時には徂徠学への批判を確立してゐたとみるべきなのである(第十章参照)。だから『及門遺範』によつて東湖が父幽谷の思想を徂徠学から朱子学に変はつたと理解した事実を窺ふことはできないし、またありえないことである。先に掲げた政友の伝へからもたうてい窺ふことはできないであらう。

ところで『及門遺範』に朱子学的要素がみられないかといふと、勿論さうではない。吉田氏も認められるやうに「幽谷は朱子学を否定したわけではない」し、「幽谷の思想のなかにいかに位置づけ理解するかは、幽谷との関係の持ち方によって違わざるをえなかった」(一四五頁)事情を考慮することは可能であらう。年齢もかなり異なるし、ましてや東湖は子息である。道の把握に相違が認められることは先にふれたが、それは大きく我が国の歴史理解に相違をもたらすものではない。そのことは徂徠理解が幽谷・正志斎・東湖の三者に共通してゐることによつても明らかなのである。

をはりに

吉田氏の新著が後期水戸学の概説としてどのやうな意味をもつのか、あるいはまた研究史の中に果たして正当に位置づけられるのか、全く不明である。しひて本書を評価すれば、史料の摘み食ひ的把握によって新規の解釈を生み出さうとしたにすぎないといへようか。それは史料解釈以前の史料理解の問題でもある。より端的にいへば、虚心坦懐に先人の言葉を理解しなければならない、といふことであり、それなくして真の水戸学に迫ることはできないであらう。エピローグに「水戸学は明治維新の思想的推進力であった」（二一五頁）といはれるのはまさにその通りであり、私も賛成である。「思想的推進力」であるその根源の探求把握のためにも史料に真正面から向き合ひ、そして謙虚な態度で接しなければならないと思ふ。

補註

後期水戸学派と徂徠学との関連についてヴィクター・コシュマン氏の『水戸イデオロギー』（田尻祐一郎・梅森直之訳、平成十年）に次の言及があるので掲げておかう。「道とは、すべてを包摂した名であ」り、「礼・楽・刑・政を離れて道があるわけではない」と徂徠の説を引いたあとの一節である。

しかしながら、徂徠のこうした面を継ぐのではなく、水戸の言説は、山崎闇斎によって代表されるような、朱子以来の新儒教の立場、すなわち〈道〉の本質としての五倫の絶対の正当性を断固として擁護する立場に依っている。東湖は、「道のいかなる側面についても、五倫に取って代わるものはない。五倫の中で最も大切なものは、君臣、父子の関係である。つまり忠と孝、これらが名と分の基礎である」と主張しているし、会沢正志斎もこう言っている。

君臣の道と父子の道は、天道の極致である。父子の間の恩愛は内に栄え、君臣の間の義務は外に明らかになる。二つをもって、天人を貫いた道としての忠孝の道が全うされる。〔『新論』〕

さらに『迪彝篇』では、より直接に徂徠を念頭に置いているらしく、こう批判している。「主君が臣下を使い、臣下が主君に仕える、この関係が成り立つのは、主君と臣下とが互いに正しく行動しているという事実に基づくからであって、これは自然の大道であり、決して人間の作為にかかってのものではない。」

徂徠の作為の原理は、それ自体としては抽象的なもので、作為された内実をどのようなものとして規定していくのかは、歴史的な状況に応じて変わっていくべきものだった。しかしながら、水戸の思想家たちは、こういう徂徠の論に依拠するよりも、〈道〉を道徳的な実体として捉え、これを自然なもの、その意味では時による変容を受けない永遠なるものと考えた。

（七九〜八〇頁。梶山註、東湖の引用は『弘道館記述義』による。）

右の指摘は十分に首肯できるものであるが、訳者である田尻氏の

本書は、大きな枠組みとしての儒家神道の一九世紀的な再活性化として後期水戸学を把握しようとしている。より正確には、内憂外患の時代における儒家神道の再生という枠の中に、一八世紀の思想的な諸々

の経験が織り込められた、より複合的なものとして後期水戸学を捉えようとしている。この点で、尾藤の論文「水戸学の特質」に、儒家神道の伝統において後期水戸学を考える視点が見られないことと鋭い対照をなしている。（二六四頁）

といふ要約も示唆に富むものといつてよい。『水戸イデオロギー』はシカゴ大学へ提出された学位論文とのことであるが、一九七〇年代に水戸学と徂徠学との関係において尾藤正英氏とは全く異なる捉へ方をしてゐることに注目せざるをえないと思ふ。

第十三章　芳賀登氏『近代水戸学研究史』を読む

一

拙著『水戸派国学の研究』（神道史研究叢書十八、平成十一年一月、神道史学会、以下拙著といふ）を刊行した後で芳賀登氏『近代水戸学研究史』（以下本書といひ、芳賀氏を著者と記す）といふ著書を知つた。したがつて、その内容を拙著に生かすことはできなかつたが、一読して得るところは大きかつた。以下には読後感とでもいふべきことではあるが、失礼をも顧みずに述べてみたいと思ふ。

本書は平成八年七月の刊行であるから（発行は教育出版センター）、三年近くが経過してをり読むには遅きに失したことは否めない。まづ、この点をお詫びしておきたいと思ふ。本書は三部編成の十一章から成り四百頁を超える大著であるから、とても全編にわたることは力量不足もあつて無理なので拙著に関係する「国学の系譜と水戸学」の章とそれ以前の研究史に関する部分（本書の前半部）のみであることをはじめにお断りしておかねばならない。

さて、「国学の系譜と水戸学」の章であるが、正直に言つて私はこの章の存在に驚愕した。といふのは、著者も言及されてゐる通り研究史のまとめ方の問題に関連するからである。拙著でも冒頭に簡略な研究史を書いてゐるが、当然にしてこの論文にはふれてゐない。それを補ふ意味を込めて、まづこの章から取り上げることとしたい。

二

「はじめに」の課題のあり方から引用しよう。

水戸学は、国学ではないのか。その主張者たちは、自らの学問を「皇国学」「皇朝学」とも呼び、「天朝の正学」「新学」とも呼んでおり、国学者の自称と類似していることも事実である。したがって、今日ここに立って、私は、水戸学が国学の系譜とつながる面のあることを明らかにしたい。それは、平田が水戸藩へ仕官を願ったごときことを通路にしているわけではない。

（二一一頁）

論述は「本居学の系譜」「もう一つの国学の系譜」「本居学とその批判」と進み、そして「国学と水戸学——会沢正志斎と藤田東湖——」に至る。本節の冒頭に、

藤田東湖は「尊王攘夷」の学者と考える。

と述べられるが、これは首肯できると思ふ。さらに、東湖を「国学」に近づいた人と考へ、父幽谷の国学批判・吉田令世・会沢正志斎に言及されて、次のやうに述べられる。

この鋭い批判は「国学者」にも向けられ、自分勝手を申し立て児童我ままの如きものと、同じ書（梶山註、甲申呈書）で述べている。おそらく『古事記伝』の所説に対しても幽谷は批判を加えていたのである。しかし、かかる幽谷さらに後述する会沢のごとき人と異なって、本居宣長の著述の中で「中にも古事記伝の直日霊と、馭戎慨言、鉗狂人、葛花などは、詠歌作文のことにはあらで、皆皇国の道を道として説きあかしたる書なれば、早く読べき書」（吉田令世『声文私言』）のごときものと推奨している。この令世は翠軒門人吉田愚谷の子で、幽谷の親友でもあったと言われる。　（二三八頁）

後半の吉田令世（号は活堂）に関する指摘はさすがであるが、「親友」というのは正確には門人（幽谷は岳父でもある）と改められるべきであらう。活堂については以後拙著の他に前著『水戸の國學――吉田活堂を中心として――』（水戸史学選書、平成九年）をご参照戴ければありがたい。続けて会沢についてふれ、『退食閑《ママ》話』を引用した後に、

その後、同書出版のとき、吉田令世の子尚誌《ママ》を添削している正志斎は、安政期になり、東湖の死後はいよいよ国学批判を強め、安政五年の『読直毘霊』、翌六年『読葛花』を書いて、その本居宣長批判を明確にしている。　（二三九頁）

と述べられてゐる。後半は特に問題はないけれども「吉田令世の子尚誌《ママ》を添削している正志斎」といふのは明らかに誤りである。『退食間話』は尚徳（誌と閑は誤植であるが、ほかにも誤植が多々目立つ。正

誤表があるのかどうかは不明）の添削を受けたのであり、正志斎が尚徳を添削したのではない。これでは主客転倒である。これは些細なことのやうではあるが、水戸学派内における国学を考へる際には重要なことである。ともかくも、著者の言はんとするところは東湖が本居の国学に傾斜してゐるといふことにあるやうであるから私にも異存はない。ただ、末尾に国学に対する東湖と正志斎の相違が弘道館建学の精神の実行難につながり、「水戸はすでにこの段階から分裂状態にあった」（二四三頁）と言はれるのは如何なものであらうか。

いづれにしても、この章では水戸学が国学の系譜につながる側面を東湖の思想に求めてをられるのであるから、この点には私も賛意を表したいと思ふ。さらに付言すれば、私は拙著において水戸の国学的要素を国学の面から位置づけを試みたのであつて、水戸学が国学の系譜に連なるといふよりは水戸学の中に国学そのものを見出してゐるのである。その点、より積極的に水戸の国学を評価しなければならないと思ふのである。

三

第Ⅰ部は三章に分かれるが、全体に著者も関与された『水戸市史』を高く評価されてゐる。それはよいとして、注目すべきは烈公研究の立ち遅れを指摘し、研究が後期水戸学中心へと変化してきたことと戦後藤田幽谷・東湖論に比べて低いけれども会沢正志斎が取り上げられるやうになつたと述べられてゐることである。その理由について著者は次のやうに説かれる。

それはいかなる理由によるのかと問われるとしたら東湖より会沢は『新論』を見る限り、攘夷論的色彩は強く内憂外患論で、その国家観は、国体の尊厳とかかわるものであった。私はその点について次のごとく考えている。藤田東湖は国体を風俗とする考え方に立つ人であったが、自然に根ざしているが、会沢正志斎は、国体というものを単なる政事の一片の儀礼とせず、君臣の分、父子、親を限定した上で、万世一系の天皇が統治するものとの考えに立脚していることによる。風俗の匡正は、正大の気の強調することに求めている。

とし、「そのため前者は国学的であるとされ、後者は儒学的と考えられ、対立するものとされている」（二一〇頁）と述べられる。「国体を風俗とする」といふのは、正確には「国体の汚隆」が「風俗の淳漓」によるといふことであつて国体イコール風俗ではあるまい（拙著第四編第三章参照）。私も東湖と正志斎の相違は認めなければならないと思ふ。しかし、それは思想的に異なるものではあつても対立分裂に直結するかどうかは疑問としなければならないであらう。たとへば、正志斎が吉田尚徳の添削を受けたことはすでに指摘したが、正志斎は一部は改めたものの主要な論点は従はなかつたのであり、それは後年の『読直日霊』や『読葛花』をみれば本質的には全く変更するところがなかつたことは明かである。さらに、尚徳の父である活堂とも相違（対立と言へるかもしれない）があつたのである。それは活堂の『宇麻志美道』に対して批判を試みてゐたり（前著『水戸の國學』参照）、継嗣問題の記録である『水の一すぢ』にも異見をまとめてゐるくらゐなのであるが（拙著第二編第三章参照、さらに活堂の主著『声文私言』の跋文を求められたにもかかはらず認めなかつたといふ事実も指摘しておかう）、幽谷門下として分裂したとは認めがたいのである。それよりも、水戸学の本流を幽谷の継承者としての東湖を中心として、より儒学的に正志斎を、より国学的に活堂を位置づけることができるのではないかと私は考へてゐる。なほ付言すれば、国学的観点からみても水戸学の本流は幽谷・東湖父子に求められるべきであらうと思ふ。

四

やや長い引用ではあるけれども、次のやうな言及は注目に値するであらう。

ここで私共がどうしても考えなくてはならないのは、明治維新史の上での水戸学思想の役割である。会沢正志斎の思想すら文政〜嘉永のもので、安政、文久以後の尊攘や倒幕とあまり関係のあるものとは言いがたい。水戸学思想自体に幕藩体制の名分的階層秩序を前提としているのかどうかということである。言い換えると変革思想となったのか、単なる復古反動思想なのかということである。その尊攘思想は反幕的思想たりうるものかどうかということである。その点については、戦後になって尾藤正英によって提起されたが、そのようなとらえ方は、水戸の水戸学研究史を無視した発言と言ってよいのではないか。とかくいわゆる研究者の書く研究史にはそのようなものが多いことは、かなり学者の傲慢な学問姿勢とかかわっている部分が多い。そうであればあるほど、鈴木暎一が『水戸藩学問・教育史の研究』としてまとめる中で、それを支える基盤、裾野への気くばりをしていないとするなら、研究史の書き方そのものに一考も二考もする必要があるのではないか。また名越時正『水戸学の道統』（鶴屋書店）のごときものが示しているように慶安刊本の正統記を見て、吉野朝正統を如実感得した幽谷のあり方の発見のごとき精神史的考察も、藤田幽谷の内面的自覚に迫るものと言ってよい。かかる方法も無視してよい方法かどうか、再考の余地は全くないだろうか。（一二三頁）

私にとつて要領を得ないところもあるが、末尾にふれられた「精神史的考察」は特に水戸学の理解には不可欠のものではあるまいか。また、次の頁にも名越時正氏の『水戸学の達成と展開』所収の「藤田東湖の幕府批判」に言及してこの「論文など引かれることさえないのはいかがなものだろうか。」とされ、「そのように考えるとき、水戸学の面影を描くためにもこうした業績を評価する気風は重要であると考える」とも述べられてゐる。この名越氏の論文は、新発見の東湖封事によつて水戸藩の山陵修復を通じての幕府との関係を実証的に研究された重要な論考である。この封事伝来には津和野国学と関連がみられ私も注目してゐたが、著者が関心を寄せ、評価されてゐるのはさすがに慧眼であると言はなければならない（『日本歴史』第五四八号に掲載の本郷隆盛氏の「本書は、いわゆる水戸学の研究史上の論点について実証的に新しい論点を提示することを目的とした研究書ではなく」との書評と比べると雲泥の差であらう。ちなみに、本郷氏は実証的の意を理解されてゐないのではあるまいか）。ただ、この箇所には誤植が多く引用が正確でないのが惜しまれる。しかしながら、研究史を書く際の著者の見識をそこに窺ふことができるやうに思ふ。それは、著者が『日本歴史』第五六〇号で中村一基氏『本居派国学の展開』を紹介批評されたことにも通ずると思はれる。著者は研究史に学ぶことを提言されてゐるからである。

五

次にふれておきたいのは第二章で言及されてゐる尊王攘夷と国体論についてである。ここの箇所も論旨は多岐にわたり、要約は困難であるが、次の一節に注目してみよう。

かかる見解は、幕末の吉田松陰らへの水戸学の影響を思うとき、全く思想の継受を無視した非学問的見解と言わざるを得ない。もちろん、そうした弱点の克服は必要なことである。（一〇七頁）

ここの「かかる見解」といふのは、丸山真男氏が自然的秩序思想、遠山茂樹氏が封建道徳的名分論としてとらへ、「幕藩体制を擁護する封建イデオロギーとして、それを克服するところに明治維新の変革の成立があったことを説いた」ことであり、その理論的代表者が会沢安であって（丸山氏）、政治史的には九代藩主斉昭を主とし（遠山氏・中村孝也氏・尾藤正英氏）、「むしろ公武合体派の思想としてとらえられ、尊王攘夷思想とはみられなくなった」（吉田俊純氏）といふ水戸学の理解を指すのである（一〇六〜一〇七頁）。私は、著者が「思想の継受」を学問的に把握してをられることに賛意を表するものであるが、尊攘思想と水戸学を直結させてよいかどうか、には著者は次のごとく疑問を提示されてゐる。

そうした中で幕末になると、本居宣長の国学も水戸学も「尊王攘夷」の四字に代表される学と、吉田松陰が言う表現が生ずる。水戸学の尊王思想は国体論とかかわる一種の新しい進取思想であると考える向きと、保守的反民衆的思想の側面を持つと考える向きとがある。古い封建的というレッテルを貼って廃棄すべきものでもないし、儒教的名分論というレッテルも正しくない。水戸学は徂徠学や国学の影響を無視して成立し得ないものである。しかし、水戸学をもって尊王攘夷論と結びつけねばならぬかこそ問題になる。（一一一〜一一二頁）

ここで、水戸学に「徂徠学や国学の影響を無視」できないことは当然であらうが、また逆にその影響のみを強調しすぎることも戒められねばならないと私は思ふ。それは徂徠学以前に水戸学の源流（国体論など）は形成されてをり、かつ拙著に言及した通り国学の成立と水戸学の関係をみるとき、後年の国学の影響のみを特筆することはできないからである。尊攘論をめぐる水戸学と国学の関係については別稿（『日本学研究』第三号所載「水戸学と国学の関係――尊攘論をめぐって――」、平成十二年）に譲るが、「本居学と水戸学は頗る不同あれども尊攘の二字はいづれも同じ」（入江杉蔵宛安政六年十月二十日付書簡、著者もこの書簡には言及されてゐる）といふ吉田松陰の指摘は重要な示唆であることを提示するに留めておかう。

その他本書には多くの論点があり、得るところも大きいが、「烈公斉昭の政治史的役割の評価を改めて取り上げ直すことが必要不可欠なことである」（一〇八頁、私は文芸史上の役割も加へるべきであると考へてゐるが）とされ、照沼好文氏の『栗田寛の研究』や但野正弘氏の『新版佐々介三郎宗淳』（旧版も挙げられてゐる）等も詳細に検討されるべきことを指摘されてゐるところに（一二五頁）著者の学問的態度が表明されてゐるやうに思ふ。また、研究者の多くは大内地山とか西村文則とかいふジャーナリストの業績を無視する傾向にあるが、著者はそれを厳に戒められてゐる（一九一頁）ことも見逃すべきことではあるまい。

六

最後にもう一つ気になつたことを指摘しておきたい。それは本書の「あとがき」の部分である。著者はその冒頭に名越氏の『新版水戸光圀』からの引用のあとに、

幽谷の死後は、斉昭のもとで東湖、会沢正志斎、豊田天功らによって、主張一体となって藩政大改革が行われ、義公精神の復活、尊王攘夷の実践を目指したとある。この原型は、昭和四十一年二月二十五日刊『水戸光圀』（日本教文社）にみられるものとそっくりである。

かかる考え方は、水戸光圀の精神の紹述の経緯を描いたものである。（四一五頁）

と述べ、続いて吉田松陰の来原良三《ママ》（全集では蔵）宛書簡を引き、
したがって、皇国に生まれ、皇国の皇国たる所以と知らすべきを説く、『新論』の著者会沢正志斎の基調であった。これを継ぐと受け止めることも可能である。
しかしだからといって、その部分のみを強調することが、水戸学を学ぶことになるのか、そのことはきわめて大事な事柄である。私は水戸学の松陰への影響を否定するつもりは全くない。松陰が何故水戸学を学ぶに至ったかは、それより大事なことである。
そうしたものへの手掛かりを与えるものに水戸学があるとしたら、その面のみ取り上げるのではなく、水戸学に何を期待したのかを学びとるべくつとめる必要がある。
そのように考えるとき、松陰主体の取り扱いに強くつとめたいと思う。（四一六頁）
と記されてゐる。右に引用した冒頭部分に関しては『新版水戸光圀』が「増補改訂はそれを崩すことなく、ごく必要と思われる部分に止めた」（同書）ものであるから「そっくり」なのは当然であるが、光圀精神の紹述と捉へられるのはまさにその通りと思ふ。その後の「水戸学の松陰への影響を否定するつもりは全くない」との言は先の引用（本書一〇七頁）と比べるとややトーンダウンの感は否めないであらう。著者の言はれる「水戸学に何を期待したのか」といふことも十分に探究されねばならないことであらう。ただ、著者の批判が一般論として説かれてゐるのであればその通りであると私も思ふ。しかし、冒頭に名越前会長の引用に続けての記述からすれば必ずしも一般論ではないやうにも思

はれるのである。もし、一般論でないのならばそれは誤解であるから、誤解は解かねばならない。

名越氏は『水戸光圀とその餘光』（昭和六十年・水戸史学選書）に末章として収められた「吉田松陰と水戸学」の中で、「第一に考へるべきは、松陰が水戸遊学に予め何を期待し、そして実際に何を得たかといふことである」（二七四頁）と明確に指摘され、松陰の水戸に関する予備勉強（予習）を詳細に述べられてゐるからである。しかもこの章は「水戸学と吉田松陰」ではなく、「吉田松陰と水戸学」なのであり、これこそ松陰主体を意味するのではあるまいか。いづれにしても、思想は「人」によるのであるから「人」が主体であるべきであらう。「人能く道を弘むるなり」とはさうしたことを指してゐるのではなからうか。

七

本書はこれまで未開拓だつた近代の水戸学研究史を俎上に載せて、史的分析を試みたものとして評価するにやぶさかではない。しかも、水戸学が世界史的視野に立つて受け止められるべきことを主張せられてゐることにも敬意が払はれてしかるべきことと思ふ。著者は今後は「出版著述年表」のやうなものを基礎史料として作成される意図（本書刊行時には）をお持ちのやうであるから、更なる研究の成就を祈念したいと思ふ。蛇足ながら、水代勲氏によつて『水戸学書誌』（平成十年）といふ近代の水戸学研究論文と著書をほとんど網羅した目録が作成されてゐるので紹介し広く活用されることを願ふとともに、国学に関心のある私は著者の他の著書（たとへば『幕末国学の展開』『変革期における国学』『幕末国学の研究』『江戸歌文派の成立と展開』など）も座右に備へ日々学恩を頂戴してゐることも付け加へさせて戴く。

以上、断片的に読後感のやうなものを述べさせて戴いたが、最後に繰り返しで恐縮ではあるけれども誤植と正確な引用に留意されることを希望したい。吹毛に類するものでしかなかつたかもしれないが、御寛容を乞ふ次第である。

付章　山鹿素行の革命論をめぐつて
――尾藤氏説批判――

先に近年の水戸学論に若干の批判的言及をした際に主として尾藤正英氏の所論を取り上げたことがある（『水戸史学』第五十五号所載「水戸の革命論と正統論――最近の水戸学論をめぐつて――」後拙著『大日本史と扶桑拾葉集』に収録。以下先稿といふ）。その代表的論文として検討したのは『日本文化と中国』中国文化叢書一〇（昭和四三年）に収められた「歴史思想」の言及であり、具体的には次の一節であつた。

南朝正統論の主張者の中で、このような儒教的な歴史思想の立場を最も明確に示しているのは、白石である。白石は『読史余論』で南朝を正統と認めるとともに、建武の弊政を指摘し、「然レドモ終ニ運祚開ケ給フコトナカリシハ、皆是創業ノ御不徳ニヨリテ、天ノクミシ給ハヌナルベシ」とし、南朝滅亡以後は「天下ハ全ク武家ノ代トハナリタルナリ」と述べている。これは古代の王朝から武家政府への政権の交替を、天意にもとづく革命とみる考え方であって、やや立場は異なるが山鹿素行（一六二二～一六八五）が「王朝」に対し「武朝」という表現を用いているのも同様の見解を示すものである。『大日本史』の内容が、最初は明徳三年（一三九〇）までと決定されていたのも、これらと同様な見解にもとづくものであったと考えられる。明徳三年は、南北朝の合体した年、すなわち実質上に南朝の亡びた年である。（原文は横書き、一九六頁）

ここにみえる白石の『読史余論』についての見方には先稿に批判を加へたが、山鹿素行に関してはふれるところがなかつた。尾藤氏の素行解釈には果たして問題がないのであらうか。以下、この点を検討してみたいと思ふ。

○

まづは、尾藤氏の素行解釈の実例（傍線部の具体的言及）を示さう。

まず君臣関係のあり方と関連して、易姓革命の問題についていえば、素行がこれを是認し、日本の歴史上においても易姓革命の事実が存在したと考えていたことは、例えば「（足利）尊氏卿、其の鹿《ろく》をえる、是より王朝再び興らず、文軫声教四海に薄らぐも、礼楽刑政、天下を燭らし《て》、連属綿延して以て武朝日々に張れり」（謫居随筆）というように、「王朝」に対して「武朝」の語を用い、武家政治の成立を古代王朝に対する革命とみなしている点から、明らかに知られる。「武朝の治は、武将これを獲たるに非ず、王者之を与へたるなり、王者之を与ふとは、天之を与ふるなり、王道の沈淪せるは王者自ら取る所にして、武将の為す所に非ざるなり」（同）といい、「今、天命、武に在るは、武将其の道を得たればなり」（同）というのが、その革命の正当性についての説明であって、王者（天皇）が「道」を行わなかったために、武将（将軍）が天命を受けざるをえなかった、とみるのである。『武家事紀』の最初に、「皇統要略」と「武統要略」とを併置し、前者の中で「君臣皆逸楽ヲ事トシテ、天下ノ苦楽ツイニ不通、故ニ武臣コレヲ受テ天子ニ替テ、億兆ノ民ヲ安ジ四海ヲ静謐セシム」と説いているのも、同じ趣旨である。これは武家政治成立の必然性を、儒学の易姓革命思想によって根拠づけたものとみることができ、その点では新井白石の『読史余論』や、初期の『大日本史』編纂事業に現われた思想と、ほぼ考え方を共通にしていた。（『思想』第五六一号所載「山鹿素行の思想的転回（下）」、なほ、一部註を省略してゐる。）

ここで、尾藤氏が引用するのは『讁居随筆』であるが、これから素行に易姓革命の思想があつたとされる。注目すべきは引用が「尊氏卿」からであることである。尾藤氏は『大日本史』では南北朝合一を以て古代王朝が滅んだとみるのであるから、それに合はせて足利氏の政権樹立を「武朝」と捉へてゐるのである。そしてそれを新井白石の『読史余論』の時代区分と同一であることを主張されるのである。『読史余論』の時代区分の解釈が誤りであることは先稿に指摘したので繰り返へさないが、先の指摘と同様に『讁居随筆』の確認から検討を始めよう。尾藤氏の引用の前の部分には左のやうにみえる。

天下長く無為に属し、王朝久しく安寧に狃る。游宴の衎、暇豫の荒、上は聖教を弛め、下は比竹詠曲を事とし、連綿の間、保元・平治に至り壊乱殆ど窮まり、父子の倫紊《みちみだ》れ、文武の綱湮《ほろ》ぶ。武臣奇功を建てて其の権を擅《もつぱら》にし、朝廷之れに倦みて、竟に元暦・文治の兵あり。頼朝卿、旅に鞠《つ》げ衆に誓ひ、一麾《き》して大いに醜類を殲《つく》し、其の危墜を拯《すく》ふ。武威大いに震ひて以て掃盪し、英雄景《した》ひ附き、函夏明両なり。故に功は万夫の上に立ち、賞は非常の栄を極め、以て武朝の制を建て、不朽の烈を存して、別に一家の風を為す。王室之れを厭《いと》ひ、竊に東伐の術を挾《さしはさ》む。平氏一挙して、王朝の危きこと綴旒《ていりう》の若く然り。武威愈々堅く教化大いに布き　朝廷回復せず。後醍醐帝叡襟を東征に披《ひら》き、相武赤族せられ、武臣、王化に従ふ。而れども、朝廷の政事明かならず、讒路日々に開け、賢臣高踏し、武臣遂に英眄《えいべん》を中原に流《そそ》ぐ。

（ルビ一部略、岩波書店版『山鹿素行全集』思想篇第十二巻、五〇六頁）

実は「武朝」を建てたのは「尊氏卿」ではなく「頼朝卿」なのである。このことを素行は明確に述べてゐるから、「尊氏卿」からの引用を以てあたかもそれ以後の「武朝」がそれまでの「王朝」に替はつたといふのは早計のそしりをまぬかれない。素行は頼朝以後、一旦後醍醐天皇によつて朝権が回復し「武臣、王化に従」ふところがあつたが、やがて尊氏以後「再び興ら」なかつたと述べるのみである。ただ、『謫居随筆』には「王朝」と「武朝」を対比して用ひられてゐる箇所がある。たとへば、末尾のところにみえる「王朝に用ふべくして武朝に用ふべからざるあり」（同巻、五五八頁）や「故に王朝は勝攸《いう》を相《み》て、永久の祚《くらゐ》を建つ。武朝の如きは必ず用武の地に襲《よ》り、四塞の固を計り、転漕を利し、封域を豊にし、国家維持の制を考へ、英威の根を深め、霊武の幹を強くす。是れ乃ち　王に勤むるの道なり」（同巻、五六一頁）であるが、この用例は単に実態を比較したにすぎず「王朝」から「武朝」

への革命をみることはもとより不可能である。

次に『武家事紀』を確認してみよう。『武家事紀』は大部の書物であるが、尾藤氏がふれた巻第一の「皇統要略」と巻第二・第三の「武統要略」をみよう。尾藤氏は「併置」と表現されてゐるが、「皇統要略」が巻頭に置かれてゐることに留意しよう。『武家事紀』は書名からして武家に関するあらゆる事象を述べようと試みた書物であるが、「武統」の意義を明らかにするためには「皇統」の叙述を除外できなかつたのである。「皇統要略」は天神七代から始まつて崇神天皇・垂仁天皇・景行天皇・成務天皇から神功皇后を経て仁徳天皇・推古天皇・文武天皇・嵯峨天皇・朱雀院・後冷泉院・堀川院・鳥羽院・崇徳院・後白河院・二条院・安徳天皇・順徳院に及び、さらに後鳥羽院の承久の変にふれて、後醍醐天皇に至る叙述である。

一方「武統要略」は平清盛の平治の乱から叙述が始まり、足利義晴の上京に至る記述である。時代区分として明らかなことは下編が光厳院の正慶二年（元弘三年）に鎌倉幕府が滅亡して後醍醐天皇の重祚から始まることくらゐであり、南北朝合一に関しても「延元二年先帝吉野に入り玉ひしより此の年まで五十六年にして南北朝統一す」（全集第十三巻、四六二頁）とあるのみで歴史上特別な意味を持たせる叙述にはなつてゐない。『読史余論』でいへば武家の五変のうちの三変までに相当することとなり、時代区分上は素行・白石ともに南北朝合一時が念頭にはなかつたのである。さらに両者の叙述を比べれば「皇統要略」が『読史余論』総論の九変に、「武統要略」が五変にそれぞれ相当することとなる。ただ、『読史余論』では明確な時代区分を取り入れてゐるから、その点『武家事紀』とは異なるが、歴史叙述の大まかな把握には共通するものがあるとはいへよう。要するに、先稿でもふれた歴史把握の二重構造が素行の場合にも当てはまるといふことである。

さて、検討しなければならないのは尾藤氏も引用される「皇統要略」の末尾の部分にみえる記述である。全集本の最終段落は「帝王日中行事・年中行事、つまびらかに旧記に出でたり」（同巻、三九八頁）と始まるが、朝廷の学問についての言及部分である。順徳院御記から「天子諸芸能の事第一学問也」と引用した後に「御学問を以て芸能と申すべきことに非ず。然れども上古神聖の実義日に疎《うと》くなりて、御学問は鴻材利口のためにわたり、詠歌管弦は風流におち入りて、礼楽の実を失ふになれることと也」と述べ、「このゆゑに政道日々におこたりまし〳〵」（同巻、三九九頁）とあつて、その次に尾藤氏の引用部分が続くのである。全集本には「故に武臣これを受けて」とのみあつて「天子ニ替テ」がみえないから明確ではないが、そのあとに「上に君道不明がゆゑに武臣これを受けて天下を安んずる也」（同頁）とみえるところからすれば、政権の委譲を認めてゐたことにならう。

だが、結びには「猶ほ朝廷を立てて命を重んずる事、是れ併しながら天神地祇の神霊万世の後まで相のこりて、君君たらざれども臣以て臣の道を守るのゆゑなれば、難有本朝の風俗なり。」（同巻、四〇〇頁）とも述べてゐるから、素行の朝廷観は明かである。このやうな朝廷観についての尾藤氏の言及は、素行が易姓革命の思想を是認したことと、武家の勤王を賛美していることとは、一見すれば矛盾するかのやうであるが、素行の政治観においては、社会の安寧ということが最高の価値をなしていたから、一方でその安寧を実現する能力を欠いた王朝から、政権が失われることは当然と考えられたが、他方でその形骸化した朝廷であっても、これを尊崇することは、君臣上下の身分秩序を尊重することを意味し、従って社会秩序の確立、すなわちその安寧のために有意義であると考えられたのである。（前掲『思想』所載論文）

といふものであり、一見矛盾にみえるがさうではないといふ主張である。

ところで、『武家事紀』巻第四十五「武本」の巻頭は「尊朝廷」といふ一文であり、頼朝の勤王を論じてゐる。ここでは「臣は臣の道を守りて武将代々京都を守護し、朝廷を尊び官位を重んじて、朝廷を以て朝廷たらしめ、君臣上下の儀則を存する事、是れ武家大礼大義を存し、本朝の風俗人物異域にまさる要道なり」（同巻、五六四頁）といひ「されば諸大名大番役をつとめ、将軍家より京都奉行つねに在京して、朝廷を守護する事、古来よりの制なり」（同巻、五六七頁）と結んでゐるが、このやうな主張をみると先の尾藤氏の言及には果たして妥当性が認められるであらうか。そもそも、素行に易姓革命の是認をみること自体に問題はないのか。革命といひつつ、「王朝」の存続を認めてゐるのは何故か。しかも、その「王朝」を尊崇し守護するといふのは一体どういふことなのか。

このやうな疑問は栗原茂幸氏の批判からも窺ふことができよう。

尾藤氏は「素行が易姓革命の思想を是認した」（「山鹿素行の思想的転回（下）」『思想』五六一号、九三頁）として、日本において王者（天皇）が「道」を失い「武朝の治」がはじまったことを、その例証としているが、天皇を上に戴いたもとでの「事実上の易姓革命」と「易姓革命」とは区別さるべきだと考える。素行が是認したのは、「事実上の易姓革命」である。

（『東京都立大学法学会雑誌』第一八巻第一・二合併号所載「徳川光圀の政治思想」六二五頁）

「事実上の易姓革命」といふ言ひ方に疑問がなくはないけれども、素行の易姓革命是認といふ尾藤氏の捉へ方に対する批判は首肯できるものである。易姓革命はあくまでも『謫居随筆』や『武家事紀』の記述からのつまみ食ひ的引用による尾藤氏の解釈にすぎない。『謫居随筆』も『武家事紀』もシナとは異なる日本の歴史叙述の苦心の表明なのである。武家政権をいかやうに解釈して叙述するかといふ問題は素行はいふまでもなく、幕府中心主義であつた白石でさへ苦心したのである。ましてや革命を認めない彰考館の史臣たちが叙述の困難を感じ苦心しないはずはない。もとより、素行・白石・彰考館の史臣との間には相違があるけれども（特に白石の歴史叙述に問題が残ることは否めない）、『大日本史』の場合にはその困難と苦心が「将軍伝」として表明されることとなるのである。

ちなみに「将軍伝」冒頭の記述に時代区分を求めるとすれば、頼朝に「而して天下の勢、此より一変せり」とし、尊氏に「天下の勢、此に至りて又大変せり」としたのみである。

初出一覧

第一章　『水戸史学』第五十七号（平成十四年）
第二章　『水戸史学』第六十号（平成十六年）
第三章　『水戸史学』第五十八号（平成十五年）
第四章　『水戸史学』第六十三号（平成十七年）
第五章　『藝林』第五十一巻第二号（平成十四年、藝林会）
第六章　『水戸学講座・水戸の文籍（前期）』（平成十四年）
第七章　『水戸史学』第五十九号（平成十五年）
第八章　『水戸史学』第六十四号（平成十八年）
第九章　『水戸史学』第六十一号（平成十六年）
第十章　『日本歴史』第六六七号（平成十五年、吉川弘文館）
第十一章　新稿（要旨は常磐神社・水戸市五軒公民館の平成十八年度水戸学講座「『大日本史』の論賛について」で発表した。）
第十二章　『水戸史学』第六十二号（平成十七年）
第十三章　『水戸史学』第五十号（平成十一年）
付章　新稿

＊第九章は『日本史学年次別論文集』二〇〇四近世分冊にも収録されてゐる。

あとがきにかへて

本書の主題に関して二書を紹介しておきたいと思ふ。

杉田雨人氏『長久保赤水』（昭和九年）

吉田一徳氏『大日本史紀伝志表撰者考』（昭和四十年）

いづれもよく知られた書物であるが、改めて本書の主題にそつて読み直すと、示唆に富む記述が多いのである。赤水が徂徠学の影響を受けてをり、水戸学派としての不十分さがみられることについては本書中にも述べたが、安積澹泊と同様に必ずしも徂徠学一辺倒だつたわけではないのである。赤水が名越南渓に学び、南渓から異学に対する非難を受けたが、それに対する赤水の弁明を杉田氏の著から引用しよう。

人はすなはち謂らく僕徂徠に私淑す矣と。豈それ然らんや。蓋し徂徠の学、文を主とし理学を忌む。王陽明の良知を主とし伝を悪むと相反対す。偏せりと謂ふべし。程朱の学は物に格り理を窮む修身治国小大遺すなし。博文約礼は実に孔孟の正宗なり。然りと雖も物必ず長短あり。苟くも其長を取れば、何の書か読むべからざらん。南渓先生嘗て僕に語つて曰く、本朝其人に乏しからず。羅山の博物、仁齋の経義、白石の詩律、徂徠の文章、其れ庶幾からんかと。蓋し其長を取る也。

重要なのはさらに以下の部分である。

徂徠の所謂古文辞なる者、何ぞ聖学に害あらん。又何ぞ程朱に乖かん。二弁語徴を著すに至つて、道学を排し、孟子を貶し、口を極めて先儒を駁す。此れ別に一家を立つるの弊也。其罪少からず。凡そ徂徠の経義経済の論、迂遠膠柱時勢に応ぜず。僕浅劣と雖も、意深く之を悪む。嗚呼天は才を生で尽さず。仁斎能く語孟を尊ひしと雖も、大学孝経を蔑如するに至る。亦是異学の嚆矢也。程子の徳、朱子の智、顔淵子夏に伯仲すと雖も、詩と文とに至つては李杜韓柳に孰若《いづれ》ぞや。然も我老牛先生徂徠を推挙する甚だ至れり矣。其歎服の情、遺文に見はる。南渓先生も亦其文章を賞す。之に由つて之を観ば、徂徠も亦人傑なる哉。苟くも其長を取れば、何れの書か読むべからざらん。

（四三～四四頁）

この箇所は吉田氏も引用されてゐるが（六六〇頁。『赤水文草』収録の「立原蘭渓に与ふる書」）、これをみると赤水は決して徂徠学に心服したわけではなく、その文才を認めて長所を取らうとしただけであることが知られるのである。ただ、すでに指摘した高山彦九郎との問答にみたやうな問題は存在するが、澹泊にしても赤水にしても義公以来の学問をふまへてゐることは認めてよいし、徂徠を異学として拒否した南渓にしても一応の才を認めてゐたことは注目してよいであらう。

また、次の書簡は孫達に学問の心得を述べたものであるが、やはり徂徠学への対応を見て取ることができよう。

先づ、宋儒の集註にて大意を合点し、其余力に伊藤派、徂徠派、陽明派などを見てもよし。必ず伊藤徂徠などに泥むべからず。学問の筋、大概にも合点せざれば他の学者と参会の時に、心意通らず、和楽に至りがたし。木皿神岡などの学風、平蔵以来徂徠派なり。書籍も皆徂徠流の書多し。夫れに従ひ学ぶも妨げなし。
（五四頁）

このやうな赤水の学問的立場には明らかに徂徠学拒否が表明されてゐる。確かに江戸中期における徂徠学の隆盛が水戸にも波及して来たことは否めないが、その摂取や評価は文才においてであつて、その本質的要素によつたものではない。ましてや、義公以来の学問を受けた人々が学問（史学）の神髄を徂徠学に依拠するはずはあるまい。

後年、藤田幽谷の門人吉田活堂は『宇麻志美道』巻四に、

伊藤仁齋、その子東涯、京師にあり。荻生徂来、その弟子太宰春台、江戸にあり。此時ぞ漢文をばよくかけりける。

と述べてゐる。徂徠を批判してゐた活堂にしてもその文章力を認めるのにやぶさかではなかつたのである。

このやうにみてくると、水戸学の徂徠接近に関する把握には十分な留意が必要となろう。それは後期水戸学の学問思想が徂徠学を介在させなくても十分に理解できるからであり、かへつて徂徠学介在の実証的な説明は不可能であるといふことにほかならない。

○

本書に収めた論文は、一編（第十三章）を除いて補訂や発表は以後にも及ぶが、新稿も含めて平成十三年から十六年に至る四年間に執筆したものである。それはこの四年間勤務の都合で史料蒐集の時間的余裕に恵まれなかつたことに起因してゐるが、その代はりに手元にある従来の関係論文に再度目を通す機会を得た。丹念に読んでみると、立論はいふまでもなく果たして原典史料を確認してゐるのかどうか、など疑問の箇所も少なくなかつた。本書収録の論文はそれらの疑問をひとつひとつ解明するために執筆した。実は平成十三年に発表した「水戸の革命論と正統論――近年の水戸学論をめぐつて――」（執筆は前年、『水戸史学』第五十五号掲載、後『大日本史と扶桑拾葉集』及び『日本史学年次別論文集』日本史学一般にも収録）は本書の主題の総論的位置を占めるから巻頭に収めようかと考へたが、その後二度にわたつて収録されてゐることもあつて本書では各論に相当するもののみを収録し、新稿二編を加へて一書となした。前著も併せて参照して戴ければ幸ひである。

「現代水戸学論批判」といふ書名は衝撃的かもしれないが、全編にわたつて何らかの批判を含んでゐるのであへて採用した。戦後の一時に流行した学説とは異なつた観点からの新しい水戸学観の検証の意味を込めたからでもある。大方の諸賢のご叱正が得られれば幸ひである。

なほ、左の短文も本書主題の一要約として掲げておく。

近世日本思想の関連を考えるための一視点
――水戸学に対する徂徠学の影響をめぐって――
『数研 AGORA』No.44（平成十七年九月）

○

一昨年十月名越時正先生が帰幽された。先生には三十五年の長きにわたつて御教導を賜つた。前著を贈呈させていただいた際には「今後とも益々御研究を重ねられますやう御願ひいたします」とお葉書を頂戴したが、本書をご覧いただくことはもはや適はぬこととなつてしまつた。先生は『水戸学の研究』の後記の中で「分析批判の前に探求確認、それが私の研究法である」と述べられてゐるが、私もこの教へに従つて更なる研究に邁進したいと思ふ。本書を謹んで先生のご霊前に献ずる。

本書刊行に際して、『水戸史学』掲載の諸論を電覧しご助言をいただいた宮田正彦会長、錦正社の中藤政文社長をはじめとして多くの方々のご指導を得た。末尾になつたが、衷心より御礼を申し上げる次第である。

著者略歴

梶《かじ》山《やま》孝《たか》夫《お》

昭和26年　茨城県生
清真学園高等学校・中学校に勤務（現在副校長）
水戸史学会理事
鹿嶋市文化財保護審議会委員
博士（文学）

主要著書　吉田活堂の思想（筑波書林）
　　　　　新版佐久良東雄歌集（錦正社）
　　　　　水戸の國學——吉田活堂を中心として——（錦正社）
　　　　　水戸派国学の研究（臨川書店）
　　　　　大日本史と扶桑拾葉集（錦正社）
現住所　〒300-0504　茨城県稲敷市江戸崎甲955-2

〈水戸史学選書〉　現代《げんだい》水戸《みと》学論《がくろん》批判《ひはん》

平成十九年四月十九日　印刷
平成十九年五月　七日　発行

※定価はカバーなどに表示してあります。

著者　梶山孝夫
装幀者　吉野史門
発行所　水戸史学会
茨城県水戸市笠原町九七九—四二
（但野正弘方）
発売所　錦正社
〒一六二—〇〇四一
東京都新宿区早稲田鶴巻町五四四—六
電話　〇三（五二六一）二八九一
FAX　〇三（五二六一）二八九二
URL　http://www.kinseisha.jp/

印刷所　㈱平河工業社
製本所　㈱関山製本社

ISBN978-4-7646-0273-3

大日本史と扶桑拾葉集

梶山孝夫著

定価三〇四五円（本体二九〇〇円）

水戸藩が総力をあげて編纂した代表的書物、大日本史と扶桑拾葉集の今日的意義と役割を明らかにする。その「大日本史」と「扶桑拾葉集」は、どちらも汲めども尽きない巨大な学問大系を有している。本書をもって著者は、妄説に対する反論ののろしを挙げる。

《目次抄》

水戸の國學——吉田活堂を中心として——

梶山孝夫著

定価三五七〇円（本体三四〇〇円）

水戸学は近世の水戸藩に起こった学問である。水戸学が史学を中心としてゐることは当然であるが、史学研究のみならず、古典研究の流れも水戸学の形成に大きな役割を果たしてきた。

《目次抄》